La Presentación de Un Minuto

Explica Tu Negocio de Redes de Mercadeo como *un Profesional*

KEITH Y TOM "BIG AL" SCHREITER

La Presentación de Un Minuto
© 2019 by Keith Y Tom "Big Al" Schreiter

Publicado por Fortune Network Publishing

PO Box 890084
Houston, TX 77289 Estados Unidos
Teléfono: +1 (281) 280-9800

BigAlBooks.com

ISBN-10: 1-892366-97-5

ISBN-13: 978-1-892366-97-9

CONTENIDOS

Viajo por el mundo más de 240 días al año.
Envíame un correo si quisieras que hiciera
un taller "en vivo" en tu área.

→ **BigAlSeminars.com** ←

PREFACIO

¿Por qué será que los comerciales pueden presentar claramente sus productos en 15 o 30 segundos y hacernos comprar?

¿Por qué, entonces, requerimos de una presentación de 15, 30, o más minutos para vender nuestros productos y nuestra oportunidad de redes de mercadeo?

La respuesta es que los anuncios usan "lenguaje comercial" específico. Al usar frases y palabras probadas, nos pueden comunicar su mensaje en segundos. Nosotros no sabemos cómo hablar comercialmente. Ni siquiera sabemos que existe el leguaje comercial.

¿Qué usamos nosotros? Lenguaje social. ¿Por qué? Por que es lo que nos enseñaron en la escuela. Pensaban que nosotros tendríamos… ¡empleo!

Estas son las malas noticias. Los comerciales son nuestra competencia, y destrozan la sosa charla social que usamos como empresarios de redes.

Pero las buenas noticias son que podemos aprender el lenguaje comercial para que podamos competir con los comerciales en el mundo real.

Cualquiera puede ser positivo y sonreír todo el día. Los prospectos pensarán que somos agradables. Pero, si continuamos usando lenguaje social, los prospectos no se unirán a nuestro negocio.

Si queremos sobresalir en nuestra empresa de redes, debemos aprender frases y palabras probadas. El lenguaje comercial funciona.

Si estamos en un negocio, entonces debemos comenzar a aprender cómo hablar comercialmente de inmediato.

—Keith y Tom "Big Al" Schreiter

¿CUÁLES PALABRAS USAREMOS CUANDO DEMOS PRESENTACIONES?

Tener una grandiosa actitud, ser positivo, colgar un tablero de visión en la pared, fijar metas ambiciosas, y estar súper motivado, todo eso es genial. Pero en algún punto, vamos a tener que ¡decir algo!

Saber qué decir para crear afinidad, romper el hielo, e incluso para hacer un cierre, es una habilidad. ¿Pero qué es lo que vamos a decir cuando demos presentaciones a nuestros prospectos?

¿Vamos a leer los reportes de investigaciones, mostrar diapositivas en PowerPoint, hablar de estadísticas, y hacer que nuestros prospectos caigan en coma? O, ¿le diremos a nuestros prospectos exactamente lo que quieren saber? Entonces nuestros prospectos se podrán sentir bien sobre las decisiones que toman.

La información no es el factor que define la decisión de nuestros prospectos. ¿impactante? Así es. Hablaremos más sobre ello en este libro. Pero por ahora, queremos crear presentaciones interesantes. Queremos servir a nuestros prospectos, no matarlos de aburrimiento.

¿Dar presentaciones es intimidante para los nuevos distribuidores? Por supuesto. Tener a su tía carcajeándose frente a ellos mientras explican su plan de comisiones es humillante.

Serán el protagonista de interminables historias humorísticas durante la próxima década de reuniones familiares. La mayoría de nosotros no tenía antecedentes en ventas profesionales cuando ingresamos a redes de mercadeo. Así que en el principio, casi cada paso que damos nos causa estrés y dudas.

Aquí están las buenas noticias. Las presentaciones son fáciles de dar. Si aprendemos unas pocas habilidades, las presentaciones pueden ser agradables para todos los que participan.

Vamos a comenzar. Con unos pocos nuevos descubrimientos, las presentaciones pueden ser la parte más poderosa de nuestras habilidades en redes de mercadeo.

UNA HISTORIA CON UN FINAL MUY MALO.

El año era 1972. Armado con mis grandiosas habilidades en matemáticas y física, decidí tomar una nueva profesión: redes de mercadeo.

Debido a que había estudiado ingeniería, yo reverenciaba a la **información.** Amaba la información. Coleccionaba la información. Estudiaba la información. Categorizaba la información. Era un completo nerd.

Por supuesto que tienes que ser un nerd para estudiar ingeniería. Tienes que renunciar por completo a tu vida social y las interacciones con otros seres humanos. ¿Por qué? Por que así tienes tiempo de memorizar... ¡más información!

En mis talleres en vivo, a menudo pregunto a los asistentes: –¿Alguna vez has conocido a un ingeniero?– Todos levantan su mano. Y explico: –Somos personas aburridas, libres de personalidad, con un puenteo en el carisma, socialmente limitados, y no se nos debe dejar libres en público.–

Por supuesto que esto es una ligera exageración, pero todos ríen. Se dan cuenta de que los ingenieros necesitan aprender primero habilidades sociales básicas para que puedan sobrevivir en redes de mercadeo.

Pero lo que es genial sobre los ingenieros es que de inmediato comprendemos las redes de mercadeo. Comprendemos la progresión geométrica. Podemos hacer hojas de cálculo en nuestra mente. Captamos el potencial del plan de compensación de inmediato.

Desafortunadamente, no podemos ejecutarlo y hacer que las redes de mercadeo nos funcionen. ¿Por qué? Debido a que no tenemos las habilidades personales naturales que son necesarias para comunicarnos con los demás.

Vemos el potencial, pero simplemente no podemos manejarlo.

"¿Alguna vez has visto a un ingeniero dando una presentación de redes de mercadeo?"

Es muy divertido. Hablamos y hablamos y hablamos sobre datos, pruebas, casos de estudio. Los ojos de los prospectos se humedecen y hacen muecas. Si estás leyendo este libro, podrás recordar alguna junta de oportunidad donde permitieron que un ingeniero hablara.

Así que a principios de mi carrera, así era como progresaba en mi estrategia de presentación.

Primeras etapas: Leía el panfleto para los prospectos, como si fuesen analfabetas. Cada punto era explicado con doloroso detalle y respaldado por documentación adicional. Nada se dejaba fuera. Explicaba todo sobre el negocio en un orden lógico, dirigiéndome hacia el momento donde les pediría que tomaran una decisión. Eran 45 minutos de monólogo, una comunicación de una sola vía que no se podía interrumpir.

Eso no sirvió. Nadie se afilió.

Todos decían "no" ante mi perfecta presentación. No podía encontrar cuál era el problema.

Nunca se me ocurrió que **yo** era el común denominador. **Yo** era el que estaba presente en la escena del crimen en todas las presentaciones.

Etapas posteriores: Analicé mis vergonzosos resultados. ¿Mi conclusión? La única razón por la que los prospectos pudieran rechazar mi asombrosa presentación era que… ¡necesitaban más información! Con más información, se sentirían más cómodos al tomar una decisión.

Así que adivinaste. Esto es lo que hice.

Incrementé mi presentación a un total de 90 minutos de datos adormecedores, cifras y más información.

Era una presentación asombrosa.

Y al final cuando le pedía a mis prospectos que tomaran una decisión, ellos decían:

- –Emm, déjame pensarlo.
- –No soy vendedor.
- –No conozco a nadie. Sólo a tres personas y dos de ellos me odian.
- –Estoy muy ocupado.
- –Nosotros no hacemos estas cosas.
- –No hay tiempo. Muchas horas extra en la oficina.
- –Te hablo luego.
- –No sé cómo hacer esto.

- –¡Nunca podría memorizar una presentación de 90 minutos!

Había muchas maneras en las que los prospectos me decían "no," pero no me daba cuenta de que me estaban diciendo que **no querían unirse.**

Mis prospectos no querían nada que ver con mi negocio... o conmigo, pero eran amables. No querían lastimar mis sentimientos. Querían decirme "no" en una manera en la que no me sintiera rechazado.

¿El resultado?

Demostré que las presentaciones largas y repletas de información alejan a las personas de nuestro negocio. Sentarnos con prospectos y **hablarles** durante 45 o incluso 90 minutos es una receta para el fracaso. No puedo tolerar comerciales de 30 segundos. Un comercial de un minuto me obliga a cambiar el canal.

Aún así, de alguna manera asumía que un comercial de 45 minutos sin pausas de un presentador amateur (yo) los mantendría asombrados e interesados.

¿¿¿Pero en qué estaba pensando???

Obviamente, no estaba pensando mucho.

No somos tontos.

Aquí está el problema básico. En nuestros trabajos, necesitamos habilidades. Si no tenemos habilidades, nos despiden. Todo trabajo requiere ciertas habilidades para ser ejecutado.

Yo poseía habilidades en matemáticas e ingeniería. Geniales para mi empleo. Pero decidí unirme a una profesión totalmente nueva, redes de mercadeo, ¡y llevé mis lógicas habilidades sedientas de información conmigo!

Nunca se me ocurrió que si ingresaba a una profesión nueva, debía por lo tanto de aprender un conjunto nuevo de habilidades. Raro.

Si hubiese decidido convertirme en doctor, habría aprendido un nuevo juego de habilidades para saber dónde cortar, o cómo administrar una anestesia.

Si hubiese decidido convertirme en un experto para desactivar explosivos, habría aprendido cuál cable cortar primero.

Así que respira profundo. No importa en qué profesión estemos antes de redes de mercadeo, deberíamos aprender un nuevo juego de habilidades. Esta parte del sentido común desafortunadamente se me escapó cuando me uní.

Si somos doctores, granjeros, conductores de camión, gerentes bancarios, esposas, artistas de circo o inclusive piratas de un ojo saltando en *bungee...* todos debemos de aprender nuevas habilidades si vamos a cambiar de profesión.

QUÉ SUCEDE ANTES DE NUESTRA PRESENTACIÓN.

Todos aman dar presentaciones. Esta es la parte divertida. Podemos contarle a otras personas sobre nuestro negocio. Podemos ser los que hablan.

Nos encanta hablar. Amamos cuando las personas nos escuchan.

Esa es la parte fácil.

La parte difícil es **encontrar** a alguien que nos escuche. :)

Paso #1: Conseguir una cita.

A lo largo y ancho del mundo, una de las preguntas más comunes que se hacen en nuestro negocio es, "¿Cómo consigo citas para dar presentaciones? Necesito hablar con más personas."

Aquí está el por qué los nuevos distribuidores preguntan esto con tanta frecuencia.

La mayoría de los distribuidores pasan la semana entera **buscando** a alguien que los escuche… en lugar de pasar la semana entera dando presentaciones.

Los distribuidores nos dicen:

- −Traté de hablar con mis amigos, pero no quisieron escucharme.
- −Mis compañeros de oficina corrieron a la otra sala.
- −Compré una lista de prospectos. No quieren hablar conmigo ni escuchar una presentación.
- −Hago todas estas cosas y nadie quiere darme una cita.

¿Suena familiar? ¿Suena como la vida real?

Las personas tienen sobrecarga de estimulación, y tienen resistencia a las ventas. Y para empeorar las cosas, al comienzo de nuestras carreras, decimos tonterías. No sabemos qué decir, así que lo vamos inventando mientras continuamos. Es asombroso que alguien asista a nuestra presentación basados en lo que decimos.

Así que, ¿cómo conseguimos citas con las personas? Si fuésemos a hablar con diez personas, ¿cuántas de esas diez personas nos darían una cita para presentación?

¿Qué te imaginas? ¿Tres citas de cada diez? ¿Dos de cada diez? ¿Una de cada diez? ¡Ninguna?

Obtener citas fácilmente y sin rechazo.

Le pregunto a los asistentes de mis talleres: −¿Cuántos aquí estarían felices de conseguir una cita con dos de cada diez personas?−

Muchas personas levantan su mano. Por supuesto, eso significaría que ocho de cada diez personas con las que hablamos, nos rechazaron. ¡Auch!

Lo podemos hacer mejor que eso al agregar una nueva habilidad.

El "principio de reacción" nos enseña a hacernos a nosotros mismos preguntas como ésta: "¿Cuáles son las palabras que estamos diciendo para ocasionar que ocho de cada diez personas nos rechacen?"

Tengo cientos de guiones de invitación que tienen garantizado crear una respuesta de "no" cada vez que se usen. Todos tienen invitaciones que provocan los mismos resultados deprimentes. No necesitamos más malas invitaciones que nos garanticen el fracaso.

¿Obtener 50% de éxito cuando hacemos citas?

Pero imagina esto. Qué tal si aprendemos cómo hacer una invitación que… hiciera que **cinco de cada diez personas** dijeran, "Sí, ¡por favor dame una presentación!"

¿Cómo cambiaría nuestro negocio?

- ¿Nuestros patrocinios y ventas detonarían?
- ¿Tendríamos más diversión?
- ¿Obtendríamos menos rechazos y nos sentiríamos mejor con nosotros mismos?
- ¿Sería más fácil patrocinar personas nuevas debido a que podemos enseñarles cómo conseguir más citas?

- ¿Cheques más grandes?
- ¿Más personas en las reuniones?
- ¿Mayor creencia en nuestro negocio?
- ¿Mejor actitud?

Todo cambiaría si pudiésemos hacer que cinco de cada diez prospectos dijeran, "Sí, ¡por favor dame una presentación!"

Desafortunadamente, no aprenderemos esa habilidad en este libro.

Ya sé que estás desilusionado. Hacer que cinco de cada diez personas nos pidan una presentación sería asombroso. Pero en lugar de eso, aprenderemos una habilidad diferente para comenzar este libro.

Aprenderemos cómo:

Obtener una cita con casi diez de cada diez personas con las que hablamos.

¿Suena mejor?

Después, cuando estemos aburridos, podemos ir por nuestra cuenta y aprender cómo obtener sólo cinco citas para presentación, de cada diez prospectos. :)

¿Pero diez de cada diez? ¿Casi 100% de éxito?

Sí, es posible.

Suena increíble.

Pero podemos obtener una cita con casi 100% de las personas con las que hablamos con solo... ¡15 palabras!

Y la única razón por la que no estamos usando estas 15 palabras es que no las conocemos cuando comenzamos. Pero las podemos aprender. Aprendimos cómo pedir pizza por teléfono. Aprendimos cómo usar un teléfono inteligente. Así que aprender a hacer redes de mercadeo no es muy diferente. Debemos aprender un nuevo juego de habilidades.

Pero primero, vamos a soñar. "¿Qué ocurriría si tuviésemos la habilidad de hacer que casi 100% de las personas con las que hablamos nos pidieran una presentación?"

¡Redes de mercadeo sería la profesión más divertida del universo!

- Tendríamos presentaciones ilimitadas.
- Podríamos darnos el lujo de ser selectivos. Podríamos rechazar dar presentaciones a personas que no nos agradan.
- No habría más estrés.
- Pasaríamos nuestra semana entera **dando** presentaciones en lugar de **perder** nuestra semana completa en la búsqueda de personas a las cuales dar una presentación.
- Patrocinar personas nuevas sería fácil debido a que les podemos enseñar esta habilidad.

Vamos a liberarnos de nuestro escepticismo ahora mismo.

Aquí está el por qué no conseguimos que diez de cada diez prospectos nos pidan una presentación.

Es debido a que **decimos** y **hacemos** cosas equivocadas. Aquí está un ejemplo típico.

Imagina que soy un distribuidor nuevo. Estoy parado al lado tuyo en el trabajo. Estamos al lado de la cafetera hablando por tres o cuatro horas.

Mientras estamos bebiendo de nuestra taza de café, yo volteo contigo, y te digo esto: –Amigo, ¡te tengo una muy buena oportunidad!– ¿Qué será lo primero que cruce por tu cabeza?

"¡Corre! ¡Corre! ¡Sálvate! ¡Vendedor a la vista! Mejor escondo mi billetera, mi bolso. ¡Excusas! ¡Piensa en excusas! ¡Un collar de ajos!"

¿Correcto?

Tal vez te sientas tan ansioso por alejarte que me dirás: –Hey, es momento de regresar al trabajo– ¡Eso es desesperación!

Sin embargo, esto no me desalienta. Claro que no. Estoy motivado. Escuché un audio de motivación por la mañana. También canté mis afirmaciones frente al espejo antes de venir a la oficina.

Así que prosigo diciendo:

–Bueno, es una grandiosa oportunidad. ¡Totalmente asombrosa! Tienes que venir a esta junta de oportunidad en este hotel hoy por la noche. No te preocupes por el tráfico que habrá. No vayas a cenar con tu familia. No tomes un descanso después de trabajar tan duro de pie al lado de la cafetera. En lugar de eso, ven a nuestra increíble junta de oportunidad. Te daremos libertad financiera. Te daremos libertad de tiempo. Puedes apalancar tu ingreso y crear ingresos residuales. Esto será el punto de quiebre en tu vida. ¡Será espectacular! ¡Sólo ven a nuestra junta!–

¿Qué estamos pensando? Probablemente estás pensando: "Vaya, realmente no quiero asistir a ese hotel. Suena como una secta o alguna estafa de pirámides."

¿Y qué es lo que dirás?

–Estoy ocupado.–

Todos hemos escuchado eso antes, ¿correcto? ¿Suena familiar? Me responderás diciendo: –Estoy ocupado esta noche. Recientemente adoptamos un gato callejero y tengo que ir a casa para acariciarlo. Además, esta tarde tengo cita para cambiar el aire de los neumáticos de mi coche. Estoy completamente atorado. No me puedo escapar ni un segundo.–

¿Pero eso me molesta o me detiene? Oh, no. Esta mañana visualicé mis metas durante 45 minutos mientras conducía al trabajo. Nada me detendrá. Así que continúo:

–Es tu oportunidad de despedir al jefe, lograr tus metas, viajar por el mundo. Tu familia estará orgullosa de ti. Esta es una oportunidad de mostrar tu amor por tu familia. Puedes alcanzar tus sueños más alocados. Tienes que comprometerte a asistir a nuestra increíble, asombrosa y fantástica junta de oportunidad.–

Estás pensando: "¡Rayos! ¿Cómo me deshago de este cretino? No me dejará solo. Debo de pensar en una razón para no asistir, o seguirá molestando todo el día. Tal vez puedo encontrar algo que no me gusta sobre su estúpida y aburrida junta de oportunidad."

Así que pruebas diciendo: –Bueno, antes de asistir a esa junta de oportunidad, dime el nombre de la empresa primero.–

¿Suena familiar?

Yo respondo: –¿El nombre de la empresa? No puedo. Si te digo el nombre de la empresa, puedes hacer prejuicios. Lo buscarás en internet y no sabrás los dos lados de la historia. Tienes que venir a la junta y verlo todo de una vez. No mires una rebanada del pastel, mira el pastel completo. No quiero que hagas el error de prejuzgar. Cuando asistas a la reunión, ¡ahí es donde conocerás el nombre de la compañía!–

¿Piensas que irás a la junta de oportunidad cuando ni siquiera te dije el nombre de la compañía? Por supuesto que no, pero no estoy desanimado.

Canté el himno de la compañía tres veces desde el estacionamiento hasta mi escritorio esta mañana. Estoy súper positivo.

Tú todavía no quieres asistir así que pruebas con esta táctica. Tú dices: –Bueno, dime un poco primero, para ver si me interesa, antes de que pierda una noche y vaya a esta junta.–

¿Suena familiar?

Yo estoy listo para esta objeción, así que rápidamente respondo: –Bueno, no puedo hacer eso. Es muy visual. Tienes que estar ahí físicamente para ver toda la presentación en una sentada para que tenga sentido. Cuando llegues a nuestra reunión, ¡ahí es cuando te enteras de qué se trata! ¿Vienes?–

Y tu respondes: –No.–

Ahora me estoy desesperando. Eres el único prospecto en mi lista. Pienso para mí mismo, "Tengo que hacer que vayas. No estoy consiguiendo avanzar, así que más vale usar la artillería pesada. Usaré la carta de la culpa."

Te digo: –Bueno, yo sé que no quieres asistir, pero me lo debes. Hemos sido amigos por 15 años. Cuando te lastimaste la espalda el invierno pasado, paleé la nieve de tu cochera. Cuando tu hija necesitaba el transplante de riñón, le di los dos míos. Me la debes. Ven a nuestra reunión.–

Ahora, ¿qué es lo que harás? Piensas, "Oh cielos, de verdad no quiero asistir a esa estúpida junta de ventas. Pero, no le quiero regresar sus riñones tampoco."

Desesperadamente tienes que pensar en alguna excusa, así que me dices: –Bien, te diré algo. Me gustaría asistir a tu junta. Suena genial, pero desafortunadamente no podré llegar hoy en la noche por que mi auto se averió. Para cuando llegue a casa en autobús, no tendré tiempo de tomar otro para llegar al hotel a tiempo.–

Ya sabes cuál será mi respuesta. Yo diré: –¡Pasaré por ti y te daré un aventón a nuestra junta! Pasaré por ti a las 6:30 pm. Llegaremos a las 7:00 pm, conseguiremos buenos asientos. La junta comienza a las 7:30 pm.–

Tú piensas, "¡JA! ¿7:30 pm? Lo que significa 8:30 pm en tiempos de multinivel. Sólo dura una hora, lo que significa 10:30 pm en tiempos de multinivel y al terminar, cinco personas harán una revuelta a mi alrededor, tratando de venderme algo. Escaparé alrededor de las 11:30 pm cuando menos, llegaré a casa a media noche, con solamente 5 horas y media de mi vida desperdiciadas."

Pero para deshacerte de mí tú dices: –¡Suena genial! De hecho, suena tan genial, tan asombroso que te diré qué es lo que haremos. Ni te molestes en pasar por mí. Te veré ahí mismo. Invitaré a mi vecino para ir juntos."

Y no asistirás a mi reunión.

¿Este escenario suena un poco familiar?

¿Estarías de acuerdo conmigo en que es **lo que decimos** y **lo que hacemos** lo que hace una diferencia?

Y es por eso que sólo conseguimos que uno de cada diez, o dos de cada diez, o tres de cada diez prospectos escuche nuestra presentación.

Sin embargo, podemos cambiar todo eso al aprender una simple habilidad.

Galletas de chispas de chocolate.

Si alguien nos da una simple, pero deliciosa receta para hacer galletas de chispas de chocolate, ¿podríamos seguir la receta? Por supuesto. No tendría importancia si tenemos una buena actitud, o si no tenemos un tablero de visión. Todo lo que tomaría para preparar esas asombrosas galletas sería la habilidad de seguir la receta.

Es lo mismo para conseguir citas para nuestro negocio de redes de mercadeo. Todo lo que debemos hacer es seguir una simple receta, palabra por palabra. Cualquiera puede hacer esto. Personas nuevas. Personas experimentadas. Inclusive personas escépticas.

Veamos cómo podemos lograr esto.

CÓMO CONSEGUIR CITAS CASI 100% DE LAS VECES.

Los prospectos detestan las presentaciones de ventas. ¿Alguna vez lo has notado? ¿Por qué odian darle tiempo a los vendedores? Veamos una lista de las razones obvias:

- Pérdida de valioso tiempo de TV.
- Puede ser algo en lo que no estén interesados.
- Detestan el cambio. "Déjame sólo. Estoy bien en mi pequeño mundo."
- Odian a los vendedores. Los vendedores hablan y hablan y hablan.
- Preferirían pasar el tiempo con sus familias.
- No quieren gastar dinero.
- Están ocupados. No quieren agregar más cosas a sus frenéticas vidas.

Así que cuando invitamos prospectos a una junta de venta o presentación, ellos inmediatamente piensan, "¡No!"

Rechazo.

Si estos prospectos nunca escuchan nuestra presentación, nuestras posibilidades de éxito son muy pocas. A menos que podamos conseguir una cita para presentar nuestro mensaje, estaremos fuera del negocio.

¿Entonces cómo es que conseguimos una cita con estos prospectos con resistencia a las ventas?

Fácil. Y podemos conseguir una cita casi 100% de las veces. Todo lo que debemos hacer es entrar muy profundo en la mente de nuestros prospectos y analizar cómo piensan. Cuando vemos las cosas desde su punto de vista, conseguir citas es muy fácil.

Lo que los prospectos piensan cuando tratamos de conseguir una cita.

- "Tratas de venderme algo."
- "No me interesa ir a una junta de oportunidad. Será una perdida de tiempo."
- "Quieres ponerme frente a tu patrocinador para que me presione y me haga comprar algo."
- "Estoy a salvo si no escucho esa llamada de conferencia o webinar. Me convencerán de unirme a alguna estafa."
- "No quiero gastar dinero en nada."
- "Me pondrás en ridículo si decido no comprar tu producto o hacer tu negocio.
- "Si no me interesa, continuará la presión y el hostigamiento hasta que me hagas molestar."

Malos pensamientos. Realmente son malos pensamientos.

Ahora, no queremos ser unos vendedores manipuladores. Sólo queremos una cita para decirle a nuestros prospectos sobre nuestro negocio. Pero queremos evitar el rechazo.

Cuando hablamos con prospectos, pensemos en esto:

1. ¿Nuestro prospecto se está acercando, en expectativa de nuestra presentación?

2. ¿O nuestro prospecto se está alejando, levantando sus defensas, y tratando de evitar una presentación?

En la mayoría de casos, los prospectos se están alejando. Esto es incómodo para nosotros y para el prospecto.

Cómo hacer que los prospectos se alejen.

Quizá tratamos de fijar la cita al decir cosas tales como:

- "Tenemos una junta de oportunidad hoy por la noche. Son sólo un par de horas de tu tiempo. ¿Quieres venir?"
- "Necesitas escuchar a este millonario en nuestra llamada de teleconferencia de esta noche. Olvida tu programa favorito en televisión. En vez de eso, tómate una hora para escuchar a un desconocido que quiere venderte algo."
- "Tu trabajo no te hará rico. Déjame decirte qué es lo que deberías hacer con tu vida. Pondré a mi patrocinador al teléfono y entre los dos, te diremos qué hacer."
- "Tengo un video que tienes que ver. Y una presentación de PowerPoint. Luego te mostraré cómo puedes ganar mucho dinero mientras miras cómo hago círculos en la pizarra…"

¿Ves el problema?

Hagamos que nuestros prospectos se aproximen.

En lugar de manipular y tratar de hacer una venta, probemos un acercamiento distinto.

Nosotros vamos a:

1. Relajar a nuestros prospectos.

2. Hacer que nuestros prospectos se acerquen, ansiosos por escuchar nuestra presentación.

Obviamente, esto luce como un mejor plan.

DOS FRASES MÁGICAS.

Podemos detener todo este drama al usar dos frases probadas que harán que nuestro prospecto se sienta tranquilo.

Aquí están. Sólo 15 palabras.

La primera frase dice así. (Por favor contén tu escepticismo hasta que hayas leído ambas frases.)

"Puedo darte una presentación completa, pero tomaría un minuto entero."

La segunda frase es:

"¿Cuándo puedes apartar un minuto?"

¿Listo para poner a prueba estas dos frases?

Estoy de pie a tu lado en la oficina junto a la cafetera. Hemos estado de pie conversando por tres horas, bebiendo café y comiendo muchas rosquillas. Yo digo:

–Amigo, ¡te tengo una muy buena oportunidad!– (Bueno, no es exactamente la mejor frase de apertura, pero trabajaremos en eso en otra ocasión.)

Tu me respondes: –Oh, nooo.–

Rápidamente contesto: –Tranquilo. No te preocupes. No temas. Todo está bien… Puedo darte una presentación completa, pero tomaría un minuto entero. ¿Cuándo puedes apartar un minuto?–

¿Qué es lo que tú podrías decir?

–¡Muy bien! ¿Qué tal ahora mismo?–

¿Por qué funciona esto?

¿Por qué me pedirías que te diera una presentación ahora mismo?

Primero, estás pensando, "Termina de una vez. Dímelo ahora para no tener que asistir a una tonta junta de oportunidad."

Segundo, puedes tener curiosidad sobre ello. Piensas, "Probablemente será algo ridículo, pero sólo por si acaso, más vale enterarme de qué se trata. Tengo algo de curiosidad. Y puedo enterarme de la historia completa en un minuto y terminar. ¿Qué puedo perder?"

Tercero, estás pensando, "Sólo es un minuto. Puedo mantener mi resistencia contra ventas levantada durante un minuto entero. Estaré seguro."

Cuarto, piensas, "Por favor dame la presentación ya, por que no quiero que me estés llamando luego a la casa para tratar de conseguir una cita. Hazlo ya. ¡Termina de una vez! Me tomaría más tiempo estrechar tu mano y despedirme, así que dímelo ahora."

Quinto, te das cuenta, "Hey, es sólo un minuto, así que no habrá tiempo de sensacionalismo, tácticas de venta, o cualquier basura de ese tipo. Apenas es tiempo suficiente para unos pocos datos. Puedo decir sí, no, o hacer una o dos preguntas, y este drama estará terminado."

Sexto, piensas, "Me tomará más de un minuto persuadirlo de no darme una presentación. Recibir la presentación sería el dolor menos largo."

Séptimo, piensas, "Un minuto es mucho mejor que desperdiciar la noche completa en una junta de oportunidad." (O una larga llamada de teleconferencia o un webinar.)

Cuando decimos estas 15 palabras, toda la presión y la tensión se han ido. No más drama en la mente de nuestros prospectos. Ellos se relajan y escuchan nuestra historia.

¿Eso está muy bueno, eh? Al simplemente decir:

1. "Puedo darte una presentación completa, pero tomaría un minuto entero."

2. "¿Cuándo puedes apartar un minuto?"

Casi todos los prospectos que visitemos dirán: "¿Qué tal ahora mismo?"

¿Sigues escéptico?

Considera esto. Llego a tu puerta. Traigo puesta una gorra de vendedor. Tiene un bordado que dice "Vendedor" en todo el frente. Toco a tu puerta, y digo esto:

–Puedo darte una presentación de ventas. Ahora, puedo darte una larga presentación, o puedo darte una presentación corta. ¿Cuál prefieres?–

¿Cuál elegirías? La presentación corta, por supuesto.

¿Qué hay si te llamo por teléfono? Digo: –Tengo un gran negocio del que te quiero contar.– ¿Cómo te sentirías? Un poco escéptico y reservado. Pero qué tal si continúo con: –Puedo darte una larga presentación, o puedo darte una presentación corta. ¿Cuál prefieres?–

¿Cuál preferirías? La presentación corta, por supuesto.

¿Ves la tendencia? Ya no es 1970. En 1970, las personas no tenían televisión por cable, teléfonos móviles, internet… ¡no tenían nada como entretenimiento! Tenían tiempo para nuestras largas presentaciones.

Pero los 70's no regresarán. Hoy en día, las personas están ocupadas. Debemos respetar eso. Así que vamos al punto de inmediato con una presentación corta. Las personas tienen cosas qué hacer además de escuchar nuestras presentaciones de venta.

¿Demasiado fácil?

Sí. Y es por eso que lo hacemos. Por que… es fácil, libre de rechazo, y a nuestros prospectos les encanta. Nuestros prospectos están ansiosos por escuchar nuestra presentación de un minuto.

Casi el 100% de nuestros prospectos dirá, "¿Qué tal ahora mismo?"

Todo lo que hacía falta eran estas dos simples frases probadas. Podríamos estar pensando, "Espera un minuto, ¿Estas dos frases sirven por teléfono?" Vamos a darle un intento.

Imagina que nuestro prospecto nos llama y dice: –Hey, acabo de ver tu tarjeta de presentación en el muro de mi restaurante favorito. Ahora, no soy una persona real. No tengo teléfono. Estoy llamando a nombre de alguien más, no me preguntes mi nombre. Pero, tu tarjeta de presentación dice que puedo ganar ingreso de medio tiempo desde mi casa. ¿De qué se trata? Dime un poco sobre tu negocio primero.–

¿Sientes la resistencia a las ventas ahora? Vaya. Este prospecto está a la defensiva y temeroso. Así que desactivamos todo ese escepticismo, resistencia y miedo diciendo: –Puedo darte una presentación completa, pero tomaría un minuto entero. ¿Cuándo puedes apartar un minuto?–

¿Qué es lo que este temeroso prospecto dirá? Dirá: –Dímelo ahora. Ya mismo, estoy aquí en el teléfono contigo.–

Nuestro prospecto ya no tiene que preocuparse por que algún rudo vendedor vaya a su casa, o que alguien lo acose por teléfono para asistir a una junta en algún hotel. Vamos a darle a este prospecto la historia completa, ya mismo, por teléfono, y podrá permanecer seguro.

Hay una actitud totalmente diferente en nuestro prospecto ahora. Siente que somos directos y que vamos al punto. La última vez que nuestro prospecto llamó a alguien sobre una oportunidad, pasó 45 minutos al teléfono. Y aún así, nunca supo el nombre de la compañía.

Nosotros somos profesionales. No estamos tratando de manipular o esconder nuestro negocio. Vamos a darle la historia completa en un minuto por teléfono. Nuestro prospecto ya nos estima. :)

Sólo prueba unas pocas veces. Estarás impactado de que tan amables serán nuestros prospectos.

¿Nuestros prospectos reaccionarán diferente?

Sí. Así es como sacamos el estrés, la tensión y el rechazo de nuestro negocio. Decimos las frases correctas y nuestros prospectos reaccionarán diferente. Al decir estas dos frases, removemos el escepticismo y las ventas contra vendedores de la mente de nuestros prospectos.

Ahora nuestros prospectos se inclinan hacia adelante, aproximándose, ansiosos por escuchar nuestra presentación.

¿Le puedo enseñar esto a mi nuevo distribuidor?

Le puedes enseñar estas dos frases probadas a **cualquiera**.

1. "Puedo darte una presentación completa, pero tomaría un minuto entero."

2. "¿Cuándo puedes apartar un minuto?"

Podemos enseñarle a nuestra tía, nuestro cuñado, nuestro compañero de trabajo, un colega... ¡quien sea!

La mejor parte es que nuestro nuevo distribuidor se sentirá **cómodo** diciendo estas dos frases. Sí, cómodo.

¡Piensa qué tan fácil será aproximarnos a los prospectos y amistades si sabemos que nuestra presentación entera sólo tomará un minuto!

Sin rechazo. Fácil de aprender. Divertido de decir.

No necesitaremos un largo programa de entrenamiento para hacer que nuestros distribuidores aprendan estas dos fáciles frases.

Anteriormente puede que estuviéramos escépticos de que conseguir citas con casi 100% de los prospectos con los que hablamos fuese tan fácil. Pero ahora, después de que hemos aprendido estas dos nuevas frases, es fácil ver cuánto más exitosos seremos.

Probemos esto por nuestra cuenta.

Piensa en nuestro escenario del "antes." Tal vez nos tomó una semana para conseguir una cita con un prospecto para que pudiéramos darle nuestra presentación.

Veamos la imagen del "después." Al utilizar estas dos frases, si hablamos con suficientes personas, ¡podríamos conseguir diez citas en una hora!

Imagina estar de pie al lado de la cafetera en el trabajo. Decimos estas 15 palabras: "Puedo darte una presentación completa, pero tomaría un minuto entero. ¿Cuándo puedes apartar un minuto?"

Sí, sería fácil conseguir citas instantáneas.

¿Qué tal si llamamos a nuestra lista de contactos calientes? Diríamos estas 15 palabras: "Puedo darte una presentación completa, pero tomaría un minuto entero. ¿Cuándo puedes apartar un minuto?"

Sí, tendríamos muchas citas. La mayoría de esas citas serían para escuchar nuestra presentación inmediatamente por teléfono.

Inclusive si los interrumpimos en la cena, nuestras llamadas para citas serían exitosas. Hablamos con un pariente que dice: –Estoy ocupado ahora. Estamos cenando. ¿De qué se trata?– Nosotros podemos responder: –Puedo darte una presentación completa, pero tomaría un minuto entero. ¿Cuándo puedes apartar un minuto?– Y qué es lo que responderá nuestro pariente? Podría decir: –Bueno, ya me tienes al teléfono, y sólo es un minuto, dímelo ahora. Es mejor a que me llames de nuevo más tarde."

¿Por que querríamos tratar de conseguir citas de cualquier otra manera? Cuando casi todos dicen "sí" a nuestras invitaciones para presentación, la vida es buena.

Esto elimina esos ansiosos momentos cuando nos sentimos como vendedores.

Un prospecto nos llama por teléfono. El prospecto pregunta: –¿De qué se trata todo esto de tu oportunidad?–

Podemos responder confiadamente: –Puedo darte una presentación completa, pero tomaría un minuto entero. ¿Cuándo puedes apartar un minuto?–

Ahora nuestro prospecto se siente relajado. Siente que somos honestos y vamos al punto. No tiene que suplicar por conocer información. Además de que puede enterarse de la información básica por teléfono, antes de decidir comprometerse a una cita y reunirse con nosotros en persona.

Nos sentimos bien.

Podemos hacer felíz a nuestro cónyuge.

¿Quieres causar estrés? Todo lo que tenemos que hacer es decirle a nuestra pareja: –¡Oye cariño! Esta noche no cenaré contigo. Planeo pasar cinco horas hablando con prospectos por teléfono. Además, ¡haré esto todos los días por los próximos cinco días!–

Compara eso con este escenario:

Nuestra esposa dice: –Tenemos que salir en 20 minutos para la cena con las amistades. Por favor prepárate.–

No sentimos presión. Durante esos 20 minutos, podemos hacer otras tres o cuatro citas para nuestro negocio… antes de salir a cenar. Hay bastante tiempo para construir nuestro negocio si lo hacemos correctamente.

La vida real.

Cuando comenzamos nuestro negocio, nos sentimos un poco avergonzados y tímidos cuando buscamos agendar presentaciones. Nos imaginamos tratando de mostrar diapositivas de PowerPoint en un concurrido restaurante o café, o hablando de pie en la sala de nuestra tía mientras ella no para de reír.

No hay necesidad de sentir pánico nunca más. Ahora cuando alguien quiera una presentación de inmediato, estaremos listos.

Tendremos una presentación de un minuto lista en cualquier momento que queramos. Así que continuemos y aprendamos cómo dar esta corta presentación.

¡Advertencia! ¡Advertencia! ¡Advertencia!

Si no usamos estas dos frases, estaremos sentenciados a una vida de tensión y rechazo. ¡Auch!

Conseguir citas será frustrante si no usamos frases probadas que consiguen citas para presentaciones.

Usa estas dos frases mágicas:

"Puedo darte una presentación completa, pero tomaría un minuto entero. ¿Cuándo puedes apartar un minuto?"

Problema resuelto.

Así que, ya tenemos la cita para la presentación, y la presentación es… en ese momento. ¿Qué hacemos después?

¿PODEMOS DAR UNA PRESENTACIÓN ENTERA EN SÓLO UN MINUTO?

Podríamos estar pensando:

"Esta habilidad para conseguir citas es la mejor habilidad en la historia de la civilización Occidental. Esto cambiará el mundo como lo conocemos. Esto es lo más fantástico desde la invención del pan rebanado y la cerveza. No puedo creer lo asombrosa que es y, vaya, esto es tan genial, cambiará mi negocio para siempre. Pasaré mi semana entera dando presentaciones en lugar de buscar prospectos. Pero, hay una pequeña falla…–

"¡¿Cómo voy a recortar mi presentación a un minuto?!"

Suena imposible, ¿no es así?

Pero recuerda un poco. ¿No teníamos también la creencia de que sería imposible conseguir citas con casi 100% de los prospectos con los que hablamos?

Todo lo que desconocemos suena difícil o imposible. Pero una vez que aprendemos cómo, creemos. Así que vamos a comenzar.

Esto no es un truco, sino la realidad.

Primero, déjame describir a qué me refiero con una presentación de un minuto.

- No hablo de un mini infomercial ni de una micro pauta publicitaria.
- No hablo de una "probadita."
- No hablo de algo para conseguir una cita para después.

A lo que me refiero con una presentación de un minuto es esto:

****

Una presentación entera, completa, de principio a fin con todos los datos que los prospectos necesitan conocer para tomar una decisión inteligente y decir, "Sí, sí quiero entrar," o, "No, no quiero entrar," o tal vez, "Tengo una o dos preguntas."

****

Esto no es ningún truco o ilusión. Esta es la presentación que el prospecto necesita para tomar una decisión inteligente de "sí" o "no."

Simplemente cumplimos con nuestra responsabilidad.

Tenemos una obligación hacia nuestros prospectos. Esconder datos e información importante no es atender sus necesidades. Sin embargo, sobrecargarlos con información inútil e irrelevante es igualmente malo.

No queremos que un prospecto regrese con nosotros después y diga: –¡Caramba! Si me lo hubieses dicho todo, hubiera ingresado. Desperdicié dos años más en mi trabajo por que te guardaste información importante.–

Así que esa es nuestra obligación, compartir los datos importantes con nuestros prospectos.

Nuestra obligación termina ahí. Nosotros **no somos responsables** por las **decisiones de nuestros prospectos.** No somos responsables por la pareja que nuestros prospectos eligieron. No somos responsables por los empleos que nuestros prospectos eligieron. No somos responsables de sus decisiones.

Nuestra responsabilidad es compartir los datos importantes con nuestro prospecto y eso es todo.

¿Sientes el alivio?

No conocemos las circunstancias actuales de nuestros prospectos ni el tipo de asuntos que están ocurriendo en sus vidas. No tenemos control sobre estos factores.

Así que relájate. Nuestra responsabilidad es compartir amablemente los datos importantes… y terminamos.

El resto depende del prospecto.

No más rechazos, no más estrés.

Pero quiero hablar más tiempo.

Entendido. A todos nos encanta escucharnos a nosotros mismos hablando, pero a nuestros prospectos no les encanta.

Sin embargo, recuerda que la presentación de un minuto es solamente UNA manera de dar una presentación. Hay muchas otras maneras de crear presentaciones más cortas o más largas. Queremos tener varias opciones disponibles y al alcance para poder servir mejor a nuestros prospectos.

En la mayoría de los casos, una presentación corta es lo mejor. Esto le da a nuestros prospectos una oportunidad de escapar rápido, en caso de que lo que ofrecemos no sea para ellos. Esto les ahorra tiempo y estrés, y a nosotros también nos ahorra tiempo.

Piensa en nuestras propias vidas. ¿No preferiríamos escuchar una presentación de un minuto para que podamos tomar una decisión o saber si queremos más información o no?

Este libro se trata sobre las presentaciones de un minuto. Así que vamos a comenzar a aprender cómo hacerlo ahora mismo.

LOS BÁSICOS SOBRE LA PRESENTACIÓN DE UN MINUTO.

Pensamos, "No puedo dar una presentación en un minuto, tengo muchas cosas por explicar."

Ese es exactamente el problema. La mayoría de lo que decimos en nuestra presentación... nuestros prospectos no lo quieren escuchar.

Hay solamente dos maneras de reducir nuestra presentación a un minuto.

Opción #1: Aprende a hablar muy, pero muy rápido.

Opción #2: Elimina algunos puntos de tu presentación.

Hablar más rápido es una opción muy pobre. No hay manera en que podamos encajar todos los detalles de nuestra presentación en un minuto. E incluso si lo hiciéramos así, hablando extremadamente rápido, nadie sería capaz de comprendernos. Así que tomemos la opción #2.

Comencemos eliminando algunas cosas de nuestra presentación.

Nuestras presentaciones contienen datos, cifras, y mucha información.

Pero si nuestros prospectos no se afilian, ¿necesitan conocer todos esos datos, cifras e información?

No.

Y si nuestros prospectos se afilian, pueden aprender todos esos datos, cifras e información posteriormente en entrenamiento.

Elimina trivialidades de la compañía.

Si hablamos sobre nuestra compañía, podemos eliminar el nombre del fundador, las credenciales del fundador, las personas de la mesa directiva, la declaración de ganancias y pérdidas del 2014, el número de nuevos distribuidores patrocinados en Mayo del 2009, el área de la mesa de juntas de la sala de ejecutivos, el año en que fuimos la compañía número 37 en crecimiento en la región de Costa Mesa, y todos los artículos jamás escritos sobre nuestra maravillosa compañía. Y sí, no necesitamos mostrar la diapositiva de PowerPoint con la foto del edificio de nuestra compañía.

¡Wow! Eso es un alivio.

Puesto que si nuestros prospectos no se unirán, no necesitan todos esos datos.

Y si nuestros prospectos se unen, bueno, tendremos mucho tiempo para mostrar estos detalles posteriormente.

Dejar fuera todos estos detalles sobre la compañía nos hace la vida mucho más fácil.

Y, liberamos bastante tiempo también.

Elimina trivialidades de los productos y servicios.

¿Pero qué hay de nuestros productos y servicios? ¿Podemos remover muchos datos e información de desperdicio aquí también? Seguro. Vamos a eliminar el nombre de la formación rocosa en China donde crece la planta especial que es cosechada por duendes a medianoche cuando el punto de rocío es el indicado. Eliminemos el tipo de tinta que se usa en las etiquetas, el número de empleados que usan bata de laboratorio los jueves por la tarde, los 650 testimonios, el reporte de investigación de 44 páginas de la Universidad de Wisconsin, etc. Podemos remover también las fechas de los ciclos de cobro de nuestros servicios, y el tipo de equipo de manufactura usado para crear mayor viscosidad en nuestras cremas humectantes.

Por que si nuestros prospectos no se unen, no necesitan todos estos datos. Y si nuestros prospectos se unen, podemos compartir toda esta información posteriormente.

Ahora hemos liberado aún más tiempo. Además, nuestra presentación se está haciendo mucho más simple.

Elimina las trivialidades del plan de compensación.

¿Qué hay del tiempo que perdemos describiendo el plan de compensación? Podemos remover la descripción del volumen de calificación, el volumen de bonificación por producto o por servicio, y el número de clientes calificados que necesitamos para escalar al siguiente rango. No tenemos que mencionar cada posición de avance en el plan de compensación.

Preguntémonos, "¿Comprendimos el plan de compensación de nuestra compañía la primera vez que lo escuchamos?" Probablemente no. ¿Y lo comprendemos ahora? En muchos casos, no. Así que todos los porcentajes y requerimientos de volumen son cosas que aprendimos posteriormente, después de que tomamos nuestra decisión de unirnos a nuestro negocio.

Así que vamos a dejar fuera los detalles del plan de compensación. Remover toda esta información funcionará con la mayoría de los prospectos. Las excepciones son ingenieros, contadores, y coleccionistas de trivialidades.

Por que si nuestros prospectos no se van a afiliar, no necesitan conocer todos los detalles del plan de compensación.

Y si los prospectos se unen, bueno, podemos darles esta información después de que se afilien.

Al eliminar estos datos, cifras e información, podemos reducir nuestra presentación a un minuto.

Vaya. Ese mero cambio haría una diferencia enorme en nuestro negocio.

¿Pero qué información realmente quiere saber el prospecto?

Ah, esa es la pregunta del millón de dólares. ¿Qué información deberíamos mantener en nuestra presentación?

Nuestros prospectos requieren suficiente información para tomar una decisión preliminar:

Opción #1: Quiero unirme a tu negocio.

Opción #2: No quiero unirme a tu negocio.

Opción #3: Tu negocio suena bien, pero tengo una pregunta o dos.

Los prospectos toman sus decisiones preliminares rápidamente. Nuestros prospectos quieren ver la imagen completa primero para decidir si nuestro negocio les interesa o no. Esta presentación de la imagen completa debe de ser rápida y debe responder tres preguntas básicas.

LAS TRES PREGUNTAS BÁSICAS DE NUESTROS PROSPECTOS.

Para este punto, nuestros prospectos sólo quieren las respuestas a tres preguntas básicas. Si respondemos estas tres preguntas, nuestros prospectos tendrán información suficiente para tomar esa decisión preliminar.

Recuerda, si nuestros prospectos toman la decisión de unirse a nuestro negocio, los otros datos, cifras, detalles e información pueden ser aprendidos después en entrenamientos.

Estas son las mismas tres preguntas que **nosotros** haríamos si estuviésemos observando una oportunidad de negocio.

Simple, ¿no es así?

Aquí están las tres preguntas que deberíamos responder:

Pregunta #1: "¿En qué clase de negocio estás?"

Pregunta #2: "¿Cuánto dinero puedo ganar?"

Pregunta #3: "¿Qué es lo que tengo que hacer exactamente para ganar dinero?"

¡Eso es todo!

¿Responder las tres preguntas en sólo un minuto? ¿Sigue siendo difícil de creer que podamos darle a los prospectos suficiente información para tomar una decisión inteligente?

Bueno, un minuto es mucho tiempo si somos eficientes. Para aliviar las dudas, demostraré una presentación de un minuto que responde las tres preguntas básicas… ¡en menos de diez segundos!

Responderé las tres preguntas en diez segundos, y luego me tomaré una pausa para el café de 50 segundos.

Ahora, si puedo hacer esto en diez segundos, ¿no crees que lo podemos hacer en un minuto entero? Yo pienso que sí.

Sólo diez segundos, y tendrán todos los datos que requieren saber para tomar una decisión inteligente y decir,

1. "Sí, quiero afiliarme."

2. "No, no quiero afiliarme."

3. "Tengo una pregunta o dos."

Déjame darte un ejemplo de una presentación de un minuto que está fuera de nuestra industria. De esta manera podremos ver la presentación de un minuto a través de los ojos del prospecto.

Aquí está el ejemplo:

***

"Estamos en el negocio de reubicación de automóviles. Puedes ganar $100,000 extras al año, y todo lo que tienes que hacer es robar coches. Bien, ¿qué piensas?"

***

Eso fue rápido, ¿no es así? ¡Menos de diez segundos!

Nuestros prospectos recibieron las respuestas a sus tres preguntas básicas:

1. "¿En qué clase de negocio estás?" (Estamos en el negocio de reubicación de automóviles.)

2. "¿Cuánto dinero puedo ganar?" (Puedes ganar $100,000 extras al año.)

3. "¿Qué es lo que tengo que hacer exactamente para ganar dinero?" (Todo lo que tienes que hacer es robar coches.)

Debido a que nuestros prospectos recibieron las respuestas a estas tres preguntas, pueden tomar una decisión inmediatamente. Pueden responder diciendo:

- –Sí, mi primo hace eso. ¿Cómo me afilio?– (Quiero unirme.)
- –No, no es para mí. Mi mamá no me dejaría.– (No quiero unirme.)
- –Tengo una duda. ¿Tengo que robar coches? ¿O también puedo robar motocicletas?– (Quiero unirme, pero tengo una rápida pregunta.)

Información suficiente.

No tenemos que:

- Contar la historia del robo de autos.
- Mostrar testimoniales de ladrones exitosos.
- Insistir en que asistan a una junta de oportunidad para conocer a los ladrones de autos más exitosos.

- Mostrar diapositivas de PowerPoint con algunos de los momentos más memorables en la historia de la reubicación vehicular.
- Decirles cuántos autos y de qué marca tienen que robar para escalar dentro del plan de compensación.

En menos de diez segundos, nuestros prospectos saben si desean unirse o no.

Si nuestros prospectos no quieren unirse, hemos terminado. Al final de los diez segundos ellos dicen: –No, no es para mí.– Aquí está lo que podríamos decir: –Hey, vamos al cine. Vamos de compras.– Terminamos. Son adultos. Pueden tomar decisiones por su cuenta. Hemos cumplido con nuestra obligación de hacerles saber sobre nuestra oportunidad. No tenemos que presionarlos por siempre.

¿Eso se siente refrescante?

Ahora nuestros amigos no cruzarán la calle cada vez que nos ven caminando en la acera. Seguiremos siendo invitados a sus bodas, funerales y reuniones familiares.

Si nuestros prospectos quieren unirse, podemos fijar un entrenamiento para otro día de la semana. Por ahora, les mostraremos cómo afiliar. La parte difícil de patrocinar ha terminado.

Y si nuestros prospectos tienen una pregunta o dos, seamos amables. Respondamos sus preguntas tan honesta y claramente como nos sea posible. Por ejemplo, si nuestros prospectos dicen: –¿El nombre de tu empresa comienza con una vocal? ¡Detesto las vocales!–

Nosotros podríamos contestar: –Sí, el nombre de nuestra compañía comienza con una vocal.–

Si nuestra respuesta descalifica a nuestro prospecto, está bien. Ahora es el momento de enterarnos.

¿Así de simple?

Tal vez estamos con la palma de la mano sobre nuestra frente, pensando, "¡Vaya! ¿Me estás diciendo que no tengo que dar una presentación de 20, 30 o 180 minutos? ¿Podemos darle a nuestros prospectos la historia completa en sólo un minuto y continuar con nuestras vidas? Eso sería excelente."

Esta presentación de un minuto sería fabulosa por teléfono. No más invitaciones engañosas. Respuestas directas para nuestros prospectos.

Esta presentación de un minuto sería maravillosa mientras tomamos una taza de café. No hay necesidad de extender la conversación más allá si no están interesados.

Esta presentación de un minuto será genial antes de comenzar una junta de oportunidad, o incluso antes de hacer la invitación a la junta de oportunidad.

Así que demos un vistazo a la primera pregunta dentro de la mente de nuestros prospectos.

PREGUNTA #1: "¿EN QUÉ CLASE DE NEGOCIO ESTÁS?"

¿No es una pregunta justa? En otras palabras, ¿estamos en agricultura o bienes raíces? ¿Estamos en nutrición? ¿Estamos en las carreras de autos? ¿Estamos en medicina del deporte, seguros? ¿En qué clase de negocio estamos? Nuestros prospectos quieren saber.

Si estamos buscando una oportunidad de negocio, ¿nos uniríamos sin saber qué clase de negocio es? No. Siempre diríamos, "no."

¿Qué tal si observamos una oportunidad de negocio, y no estamos seguros sobre qué clase de negocio es? ¿Qué diríamos? "No." Una mente confundida siempre dice, "no." Los prospectos tienen miedo de lo que no comprenden.

Así que el punto número uno que nuestros prospectos quieren conocer es qué clase de negocio tenemos.

Debemos tener claridad de qué clase de negocio tenemos. Si no, nuestros prospectos retrasarán su decisión. ¿Por qué? Por que no respondimos esta primera pregunta de manera clara. Esta es una de las razones por las que nuestros prospectos dicen: –Tengo que pensarlo.–

¿En qué clase de negocio estamos?

¿Banca? ¿Pesca deportiva? ¿Reparaciones mecánicas? ¿Actuaciones circenses? ¿Mercenario? ¿Paisajismo? ¿Medicina nuclear? ¿Reparación de calzado?

Nuestros prospectos quieren saber.

Hace años al terminar una conferencia en Suecia, pregunté a un distribuidor:

–¿En qué clase de negocio estás?

Él respondió:

–Estoy en la búsqueda global de emprendedores con talento, de libertad de tiempo y libertad financiera, por lo tanto las personas pueden mejorar sus esfuerzos a través de múltiples fuentes de ingreso residual, por lo tanto mejorar su estilo de vida por...–

Bien, tenemos la idea. No es de sorprender que este empresario de redes lo estaba pasando muy mal en su negocio. ¡Sus prospectos no tenían idea de qué tipo de negocio les ofrecía!

La pregunta más dura que un nuevo distribuidor debe responder es: "¿A qué te dedicas?"

Cientos de respuestas corren por sus mentes. Comienzan a sudar chorros fríos. Luego, algo como esto puede que salga volando de sus bocas:

"Soy distribuidor de la Compañía Maravilla, de la Ciudad Maravilla, que comenzó en el maravilloso año de 1991 por el Sr. Maravilla en persona, que es un hombre de familia maravillosamente maravilloso, y tenemos productos maravillosos, empleados maravillosos, envíos maravillosos, línea de apoyo maravillosa, plan de pago maravilloso, blah, blah, blah…

¿O somos demasiado vagos? Tal vez decimos:

- "Estoy en el negocio del cuidado del cutis." (Y el prospecto piensa que hacemos vendajes adhesivos, o injertos de piel. O quizá manufacturamos guantes de látex amarillos para proteger las manos de limpiadores y ácidos.)
- "Estoy en el negocio de salud y bienestar." (Y el prospecto piensa que cambiamos los depósitos de las camas en el hogar de ancianos local. O tal vez que hacemos las dietas de la escuela secundaria local.)
- "Estoy en la industria de los servicios financieros." (Y el prospecto piensa que trabajamos como cajero en un banco.)
- "Estoy en el negocio de las telecomunicaciones." (Y el prospecto piensa que construimos satélites. O quizá reparamos teléfonos inteligentes.)
- "Estoy en la industria de servicios legales." (¿Hacemos entregas de rosquillas en oficinas de abogados? ¿Hacemos la limpieza de las oficinas?)
- "Estoy en el comercio-e." (¿Qué es eso? ¿El comercio-e es lo que viene antes del comercio-f?

Cuando los prospectos escuchan vagas frases de venta como estas, piensan, "Me pregunto si debo fingir un ataque cardíaco. Tal vez así me pueda escapar."

Si no sabemos cómo describir nuestro negocio, aquí hay una manera fácil que nos ayudará.

"Significa que."

Cuando describimos nuestro negocio, debemos de usar la frase "significa que" para conectar nuestro negocio a uno de nuestros productos o servicios, o por lo menos a un problema que resolvemos. Esto ayuda a nuestros prospectos a comprender exactamente lo que hacemos en nuestro negocio.

¿Quieres algunos ejemplos?

Prueba esto:

- "Estoy en el negocio del cuidado del cutis, significa que tenemos una crema humectante que hace lucir tu piel 20 años más joven en sólo 45 segundos al día."
- "Estoy en el negocio de salud y bienestar, significa que tenemos un delicioso jugo que las personas beben. Les ayuda a levantarse una hora más temprano cada mañana sintiéndose como millonarios, y a dormir por la noche en menos de siete minutos de tocar la almohada."
- "Estoy en la industria financiera, significa que le ayudamos a familias a bajar su hipoteca, tarjeta de crédito, y pagos de auto. Ahora tendrán dinero para diversiones y jubilación."
- "Estoy en el negocio de los viajes vacacionales, significa que le muestro a las familias cómo tomar unas vacaciones de cinco estrellas por el precio de un buen cuarto de hotel."

- "Estoy en el negocio de los servicios básicos, significa que le ayudo a dueños de vivienda a conseguir un genial precio en sus servicios, para que no tengan que buscar y comparar ofertas nuevas cada mes."
- "Estoy en el negocio de los cosméticos, significa que le ayudo a mujeres a conseguir ese look coordinado que quieren y no pueden, por comprar cosméticos al azar."
- "Estoy en el negocio de los filtros de agua, significa que le ayudo a las personas a eliminar todas esas cosas asquerosas que salen del grifo de la cocina."

¿Ves la diferencia? Ahora nuestros prospectos saben exactamente en qué clase de negocio estamos.

No olvides esas palabras mágicas, "significa que." Estas palabras nos guiarán hacia una mejor descripción de el tipo de negocio en el que estamos.

Haciéndolo bien.

Esto es importante. Debemos de asegurarnos y tomar el tiempo para saber cómo vamos a describir claramente la clase de negocio en el que estamos. Si nuestros prospectos tienen que preguntarnos aclaraciones, esa es nuestra pista para regresar a nuestras notas y mejorar nuestra descripción.

Si nuestra descripción es muy larga, sonará como guión de ventas.

Si nuestra descripción suena exagerada debido a que usamos palabras como asombrosa, increíble, innovador, perfecto, patentado, fórmula propia... bien, nuestros prospectos saben que sus alarmas internas contra vendedores están aullando.

Queremos hacer que nuestra descripción suene normal. No estamos tratando de venderle a nuestros prospectos. Estamos respondiendo las preguntas internas de nuestro prospecto.

Toma un momento para escribir exactamente cómo describirías tu negocio a tus prospectos. Necesitaremos esto después, cuando ensamblemos nuestra presentación de un minuto.

Ahora, a la pregunta #2.

PREGUNTA #2: "¿CUÁNTO DINERO PUEDO GANAR?"

Estoy seguro que nos haríamos esta pregunta si estamos observando una oportunidad de negocio. Es una pregunta justa.

Esta pregunta es fácil. Seleccionamos una cifra que sentimos que empata con los deseos de nuestro prospecto. Para alguien en busca de ganar unos pocos cientos de dólares al mes en medio tiempo, describiremos un ingreso. Para alguien que quiere renunciar a su trabajo y construir una fortuna, mencionaremos un ingreso diferente.

Queremos igualar lo que nuestro prospecto está buscando. Si decimos miles de dólares de ingreso extra a alguien ganando un salario mínimo, parecería increíble o irreal. Por el contrario, si mencionamos $100 extra al mes a alguien en busca de un ingreso de tiempo completo, eso sería desalentador.

¿Cómo sabemos cuánto ingreso describir?

Usemos nuestro sentido común.

Si no sabemos cuánto ingreso está buscando el prospecto, ¡preguntemos! Durante nuestra conversación, haríamos la siguiente pregunta:

"Si tuvieras un ingreso de nuestro negocio, ¿cuánto ingreso buscarías ganar?"

Sin embargo, la mayoría de las ocasiones lo sabremos. Por ejemplo, imagina que nuestro prospecto nos escuchó hablar sobre cómo nuestro hermano está ganando $500 extras al mes. El prospecto dice: –Hey, eso suena interesante. ¿Cómo funciona?" Ahora sabemos cuánto dinero mencionar. Haremos algunos ejemplos de esto más adelante.

Pero ahora, sobre esa tercera pregunta.

¿Cuál es la pregunta final que el prospecto necesita tener respuesta para tomar una decisión inteligente?

PREGUNTA #3: "¿QUÉ ES LO QUE DEBO DE HACER EXACTAMENTE PARA GANAR DINERO?"

Esta es la pregunta más importante, y la mayoría de los empresarios de redes de mercadeo no responden por completo esta pregunta. Convenientemente se saltan esta pregunta. Ahora sus prospectos tienen que ir a casa y tratar de adivinar por su cuenta.

Auch.

Esta es otra gran razón por la que los prospectos dicen, "Tengo que pensarlo."

Como profesionales, vamos a hacer nuestro trabajo. Respondamos su pregunta: "¿Qué es lo que debo de hacer para ganar ese dinero?"

Nuestros prospectos pueden estar pensando, "¿Tengo que hacer una fiesta de productos en la sala de mi casa? ¿Tengo que ser un pirata de un ojo y tirarme en *bungee*? ¿Tengo que tener un título en medicina deportiva? ¿Tengo que tener un doctorado en química? ¿Tengo que tener una habilidad atlética en específico? ¿Qué es lo que debo de hacer exactamente para ganar dinero?"

¿No preguntaríamos lo mismo nosotros también?

Nuestros prospectos se preocupan. "Bueno, si lo que debo de hacer será vergonzoso, o si es algo que no puedo hacer, no lo quiero intentar."

Sí, debemos responder esto.

Si no respondemos esta pregunta en nuestra presentación, ¿cómo es posible que esperemos que el prospecto tome una decisión?

Desafortunadamente, los empresarios sin entrenamiento dan respuestas patéticas a la pregunta #3. Le dan a sus prospectos descripciones vagas como:

- "Es un negocio de cuidar y compartir."
- "Sólo habla con personas."
- "Tienes que ser producto del producto."

Auch. Auch. Auch.

Debemos describir la actividad que los prospectos tienen que hacer para ganar ese dinero. Entonces nuestros prospectos podrán tomar una decisión inmediata.

No queremos describir el plan de compensación completo con los volúmenes de bonos, niveles de liderazgo, etc.

Nuestros prospectos simplemente quieren saber aproximadamente qué tipo de **actividad** deberán de realizar para ganar el ingreso que hemos mencionado.

No tenemos que leer las políticas y condiciones, describir el volumen mínimo de 60 días requerido para ganar el bono de

Comandante de Viaje a las Estrellas, explicar las definiciones legales de cada término usado, etc. Todo lo que tenemos que hacer es decirle a nuestros prospectos lo que tendrán que hacer generalmente para ganar el dinero que mencionamos.

¿Quieres algunos ejemplos?

Si le mencionamos a nuestros prospectos $300 extras al mes, podríamos describir su actividad como esto:

- "Todo lo que tienes que hacer es esto. Todos los días, entrega una muestra de nuestra crema súper humectante y este folleto que describe cómo usarla. Luego, al final de unos tres meses, deberías de tener suficientes personas usando la crema y puedes ganar $300 extras al mes."
- "Todo lo que tienes que hacer es esto. Entre tú, y todos con los que hablas, y con todos los que ellos hablan para siempre… encuentra 25 familias que quieran tomar este jugo para despertar en la mañana sintiéndose genial. Y puedes ganar $300 extras al mes."
- "Todo lo que tienes que hacer es esto. Encuentra cuatro familias cada mes que quieran bajar los pagos de sus facturas de servicios y comenzar a tener algo de dinero extra para gastarlo como quieran. Y después de 12 meses, tendrás suficientes clientes para ganar $300 extras al mes."

¿Ves la diferencia?

Ahora nuestros prospectos saben exactamente qué tendríamos que hacer para ganar esos $300 extras al mes.

Esto es educado. Debemos proveer la información que nuestros prospectos quieren.

SUENA BIEN, ¿PERO CÓMO CIERRO O TERMINO ESTA PRESENTACIÓN DE UN MINUTO?

Ahora es momento del cierre. ¿Te sientes un poco incómodo?

La primera razón por la que nos sentimos incómodos es por que hemos evitado cerrar a nuestros prospectos en el pasado.

En lugar de cerrar, hablamos, hablamos, y hablamos. Esperamos que nuestros prospectos voluntariamente nos ofrezcan su decisión final. Tenemos miedo de preguntarles qué piensan debido a que tenemos miedo al rechazo.

Pensamos, "Oh, si les pido que se afilien o que compren ahora, pueden decir que no. Me sentiré rechazado, ¿y qué tal si olvidé algo? ¿Qué hay si olvidé mencionar algo que haga una diferencia para ellos?"

Bueno, este problema se irá para siempre, debido a que todo lo que debemos hacer es responder sus tres preguntas, y terminamos. Respondimos todo lo que necesitan saber, ¿correcto? Así que olvida este problema.

Aquí está la segunda razón por la que no nos gusta cerrar. No queremos sonar como un engañoso vendedor que trata de manipular a las personas diciendo cosas como:

- "Todo niño de tres años puede ver que esto es una buena oportunidad, ¿tienes algún problema con eso?"
- "¿Acaso no quieres a tu familia?"
- "¿Quieres pagar con efectivo o tarjeta?"
- "¿Quieres ingresar hoy, o mañana?"

Esto no es justo. Obligar a las personas es de mala educación, en lugar de eso, vamos a darles la oportunidad de tomar la decisión si nuestro negocio es bueno para ellos hoy, o no.

No tenemos que presionarlos duramente, ni hacer comentarios antisociales. Estamos teniendo una genial conversación, respondiendo las tres preguntas básicas de nuestros prospectos, así que esta presentación llega a una conclusión natural. Es momento para que nuestros prospectos nos den su decisión.

Demos un vistazo al primer cierre que podemos usar, es fácil y no causa confrontación.

Cierre fácil #1: "Bien, ¿qué piensas?"

¡Pero qué alivio! Ahora nuestros prospectos pueden decirnos seguramente lo que piensan. Esto suena como una conversación real. Y los prospectos nos dirán lo que piensan. Pueden decir cosas tales como:

- "No lo creo. No es para mí."
- "Suena genial. ¿Cuándo nos sentamos y avanzamos sobre esto?"
- "Parece bien, pero tengo una pregunta más."
- "No quiero tener que ver nada con mejorar la salud. Mi padre murió joven, mi abuelo murió joven, ¡y yo quiero morir joven tal como ellos!"

- "Wow, ¿hay alguna junta o algo a donde pueda asistir?"
- "Sí, me gustaría hacerlo. ¿Podrías explicar esto con mi pareja también?"
- "Tiene sentido. Muéstrame cómo puedo comenzar."
- "Necesito pensarlo. ¿Hay algún folleto que pueda mirar, o algún sitio en internet? Me tomo mucho tiempo al pensar y tomar decisiones sobre lo que sea."

Si nuestro negocio no es para un prospecto determinado, genial. Nos enteramos de ello en menos de un minuto. Y si nuestro negocio encaja con lo que alguien está buscando, genial. Nos enteramos en menos de un minuto también.

¿Los prospectos toman decisiones así de rápido?

Podríamos estar pensando, "¿Qué no los prospectos tienen que saberlo todo primero, antes de tomar una decisión?" Por supuesto que no. Aquí hay una manera de ver este concepto de una decisión preliminar.

Una nueva película llega a nuestra ciudad. ¿Cómo tomamos la decisión de ver esa película? ¿Tenemos que leer todo el guión antes de decidir verla? No. Después de leer o escuchar algunas frases que describen la película, sabemos lo suficiente para decidir si queremos verla o no. Por ejemplo, digamos que esta fue mi micro-descripción de una nueva película:

"Hay arañas y serpientes que persiguen y aterrorizan niños pequeños."

¿Hemos tomado una decisión sobre esta película? Sí. Lo más probable es que no querríamos ver esta película. Y no necesitamos mayor información para tomar esa decisión.

Pero tal vez caigamos en el aburrimiento preguntando siempre, "Bien, ¿qué piensas?" Así que vamos a aprender otra variedad de cierre sin confrontación.

Cierre fácil #2: "Y eso es todo."

¿Qué es lo que nuestros prospectos piensan cuando decimos esta frase?

Piensan, "Oh. Terminamos. Son los datos que necesito conocer. Creo que más vale que decida ahora si es esto lo que quiero."

Sin presión. No más silencios incómodos. Y lo mejor de todo, sin rechazo.

Así que en lugar de seguir hablando y hablando, con la esperanza de que nuestros prospectos voluntariamente nos ofrezcan una decisión positiva, podemos cómodamente concluir nuestra presentación diciendo, "Y eso es todo."

Cierre fácil #3: "Y el resto depende de ti."

¿Quién toma la decisión final? ¿Nosotros? ¿O nuestros prospectos?

Nuestros prospectos la toman. Así que vamos a averiguar cuál es su decisión. Ellos nos darán su decisión cuando decimos, "Y el resto depende de ti."

No hay necesidad de cierres de alta presión. Mencionamos los datos en nuestra presentación de un minuto, y ahora el siguiente paso depende de nuestros prospectos. Y estas palabras suenan muy definitivas. Acabamos de señalar que hemos finalizado, y ahora es momento de que el prospecto decida.

Y no hay rechazo tampoco. Mencionamos los datos como si estuviésemos describiendo una película. Nada malo sucede si nuestros amigos no asisten a la película que nos gustó. Y nada malo sucede aquí si nuestro negocio no es para un prospecto en particular.

Conversación ordinaria.

Así es como normalmente hablamos con las personas. Piensa en invitar a alguien a una película, a una cita, a una fiesta de cumpleaños, o a una salida de fin de semana.

No necesitamos cierres con alternativas de opciones o cualquier otro cierre anti-social que los presiona. Sonaría tonto si invitamos a un amigo a un fin de semana en la playa y cerramos diciendo: –¿Sería mejor el sábado a las 9:00 am o el domingo a la 1:00 pm?–

Saber cómo cerrar es importante. No queremos sentirnos agresivos o desesperados mientras cerramos. Y si no sabemos cómo cerrar, terminaremos hablando y hablando y hablando, con la esperanza de que nuestro prospecto voluntariamente decida. Eso es muy vergonzoso y una gran pérdida de tiempo.

¿Pero deberíamos ser más fuertes en nuestros cierres?

No. Si somos demasiado fuertes, nuestros prospectos no serán abiertos con nosotros. Así que imaginemos este escenario.

Le decimos a nuestros prospectos: –Bien, ¿qué piensas?– Nuestro prospecto responde: –No estoy seguro.–

Ahora es momento para que escuchemos. Cuando el prospecto continúa con la conversación, podría darnos una pista de lo que está ocurriendo en el fondo de su cabeza. Podemos averiguar qué es lo que lo detiene de tomar una decisión. Como beneficio adicional, esto también nos demuestra cómo podríamos mejorar nuestra presentación de un minuto en el futuro.

Patrocinar no es un cierre de una sola ocasión. Es el comienzo de una relación a largo plazo. Así que, a largo plazo, la vida será más fácil cuando hagamos que nuestros prospectos se afilien voluntariamente.

Ahora que conocemos las tres preguntas básicas y cómo cerrar nuestra conversación, es tiempo de combinar estas piezas y comenzar a hacer nuestras propias presentaciones de un minuto.

AHORA TODO JUNTO.

¿Listo para algunos ejemplos?

Estamos de pie al lado de la cafetera en la oficina. Uno de nuestros compañeros de trabajo nos dice: –Escuché que comenzaste un negocio de medio tiempo. ¿De qué se trata?–

Nosotros estamos listos. Decimos: –Puedo darte una presentación completa, pero me tomaría un minuto. ¿Cuando puedes apartar un minuto entero?–

Nuestro compañero responde: –Hey ahora mismo está bien.– (Se siente aliviado de que no estaremos tratando de arrastrarlo a una junta o algún sitio con 100 opciones diferentes.)

Está bien, ahora vamos a responder esas tres preguntas dentro de la mente de nuestro compañero de trabajo. Decimos:

***

Si quisieras ganar $300 adicionales por mes, debes de hacer estas tres cosas.

Número uno: No cambies. Sé tú mismo. Continúa recomendando y promoviendo las cosas que te gustan, como tus películas favoritas y música.

Número dos: Estamos en la industria de los alimentos saludables, significa que tenemos este jugo natural que las personas beben todas las mañanas. Sabe delicioso, fortalece tu sistema inmune, y nos hace sentir como de 16 años, pero con mejor juicio. Las personas de nuestra edad lo aman.

Número tres: Todo lo que tienes que hacer es dejar que las personas de nuestra edad sepan que podemos rendirnos y sentirnos ancianos, o podemos beber este jugo y sentirnos fenomenales de nuevo. Eventualmente, tendrás 30 personas bebiendo el jugo cada mañana, y entonces puedes ganar $300 extra al mes.

Bien, ¿qué piensas?

***

Hecho.

Respondimos las preguntas de nuestro prospecto. Las respuestas fueron muy claras. Ahora, nuestro prospecto puede tomar una decisión preliminar de si esto es para él... o no.

¿Te das cuenta de que no hubo presión ni un guión de ventas realmente? Sólo mencionamos los hechos, las respuestas a sus preguntas. Y recuerda, ahora nuestro prospecto puede tomar una de las tres decisiones de las que hablamos anteriormente:

Opción #1: Quiero unirme a tu negocio.

Opción #2: No quiero unirme a tu negocio.

Opción #3: Tu negocio suena bien, pero tengo una o dos preguntas.

No arruinamos ninguna relación. Todo lo que hicimos fue responder las preguntas de nuestro prospecto durante nuestra conversación. El proceso entero termina en menos de un minuto. De hecho, esta presentación en particular tomó unos 30 segundos. Nadie se quejará si terminamos nuestra presentación más pronto.

¿Otro ejemplo de una presentación de un minuto?

Imagina que nuestro prospecto dice, "Sí, tengo un minuto. Dime más." Nosotros podríamos decir:

***

–Si quieres ganar $1,000 extras al mes, tienes que hacer estas tres cosas.

Numero uno: No cambies. Sé tú mismo. Continúa recomendando las cosa que te gustan como tu música favorita o tiendas de ropa.

Número dos: Nuestra compañía es "Píldoras de Dieta para Dummies." Significa que tenemos una píldora de dieta que las personas toman temprano por la mañana, y los hace quemar grasa durante el día.

Número tres: Todo lo que tienes que hacer es prestar este pequeño folleto y muestra a dos o tres personas con sobrepeso al día. Y al final de unos 90 días, tendrás suficientes personas usando nuestra píldora de dieta para ganar $1,000 por mes.

Y el resto depende de ti.–

***

De nuevo, claro y al punto. Los prospectos se sienten aliviados. No tendrán esa duda flotando en sus mentes que acompaña a las preguntas sin respuesta.

¿Un ejemplo más?

Imagina que nuestro prospecto dice, "Sí tengo un minuto. Pero ve al punto. No tengo mucho tiempo." Nosotros diríamos:

✳✳✳

Si quieres ganar $500 extras al mes, tienes que hacer estas tres cosas.

Número uno: No cambies. Sé tu mismo. Continúa recomendando las cosas que te gustan, como tu planificador financiero personal o tu banco favorito.

Número dos: Somos Abogados-al-Teléfono. Significa que le mostramos a las personas cómo conseguir un abogado por teléfono para asustar a su casero, quedar a mano con el de la tintorería, conseguir un reembolso del taller de transmisiones, y solucionar esas tontas mutas por exceso de velocidad que te dieron por error… y lo hacen todo por sólo $25 al mes.

Número tres: Todo lo que tienes que hacer es dejar que otras personas se enteren que no serán estafados por abogados con cuotas altísimas al invitarlos a nuestras comidas semanales de "Cuida tus Derechos." Así que cada semana invita a algún compañero de trabajo a nuestra comida gratuita, y la mayoría de ellos querrá ser miembro tal como nosotros. Después de unos pocos meses, estarás ganando $500 extras al mes.

¡Y eso es todo!–

***

Hecho.

¿Respondimos todas las tres preguntas? Sí. Le dijimos a nuestro compañero en qué clase de negocio estamos. Le dijimos cuánto dinero puede hacer. Y finalmente, le dijimos qué es lo que tiene que hacer para ganar ese dinero.

¿Nuestro compañero tiene la información que necesita para tomar su decisión? Sí. Ahora nuestro compañero tiene tres opciones.

1. Unirse.

2. No unirse.

3. Hacer las preguntas que le surjan.

Lo mejor de nuestra presentación es que no importa la decisión de nuestro compañero, todo lo que tenemos que decir es, "Está bien."

Si nuestro compañero quiere unirse, decimos, "Está bien."

Si nuestro compañero no quiere ingresar, decimos, "Está bien."

Si nuestro compañero tiene algunas preguntas, decimos, "Está bien."

Fácil.

Relájate. No es nuestra decisión.

Recuerda, no somos responsables por las decisiones que nuestro compañero toma en su vida. No podemos preocuparnos por las decisiones que toma. No tenemos motivos ocultos. Nosotros simplemente agregamos una opción más en la vida de nuestro compañero. Depende de él sacar ventaja de esa nueva opción, o no.

¿Podemos imaginar cuántas presentaciones podríamos dar en un día si nuestras presentaciones tomaran menos de un minuto?

¿Podemos imaginar qué tan divertido será dar presentaciones si estamos relajados y le permitimos a nuestros prospectos tomar sus propias decisiones?

¿Podemos imaginar cómo usar la presentación de un minuto significaría no más rechazos debido a que permitimos que nuestros prospectos decidan sobre su futuro?

¿Podemos imaginarnos usando la presentación de un minuto al teléfono? No entraríamos en pánico si nuestros prospectos nos preguntan, "¿Y de qué se trata?" Podemos hablarles directamente. No tendríamos que decir, "Oh, tienes que invertir una noche y venir a nuestra junta para saber las respuestas de tus tres preguntas."

El gran beneficio.

¿Y qué es lo que los prospectos piensan después de escuchar una presentación de un minuto?

Ellos piensan:

- "Hey, puedo hacerlo."
- "Bueno, si tú puedes hacerlo, yo seguramente puedo hacerlo."
- "No voy a sonar como un vendedor. Me gusta eso."
- "No tengo que memorizar un montón de cosas. Esto es simple."

Finalmente...

Recuerda que una mala presentación de un minuto es preferible para un prospecto a una perfectamente ejecutada presentación de dos horas. No tenemos que ser excelentes o asombrosos. Nuestros prospectos aprecian que seamos breves. Siempre pueden hacer más preguntas para obtener más detalles.

VAMOS A MEJORAR.

Una vez que comprendemos las bases de la presentación de un minuto, podemos hacer modificaciones, mejoras, y simplemente divertirnos. Aquí hay algunos ejemplos de lo que podemos decir después de que hemos conseguido la cita. Así que imagina que antes de todos estos ejemplos, nosotros hemos dicho, "Puedo darte una presentación completa, pero me tomaría un minuto. ¿Cuándo puedes apartar un minuto?"

✱✱✱

Filtros de agua.

Si quieres ganar $1,000 extra al mes, tienes que hacer estas tres cosas.

Número uno: No cambies. Continúa recomendando las cosas que te gustan, como tu libro favorito o tus actividades de fin de semana.

Número dos: Vendemos filtros de agua. Todos en la ciudad detestan el sabor de su agua. Sabe como si salió de la lavadora. Nadie quiere comprar cajas de agua embotellada de la tienda y transportarlas a casa cada semana.

Número tres: Todo lo que tienes que hacer es, todos los días, prestar un filtro a alguien que quiera agua con mejor sabor. Al final del mes, 30 personas habrán probado el filtro. Normalmente, 10 o 15 familias querrán conservar su filtro de agua.

Y así puedes ganar $1,000 extras al mes.

¿Y qué piensas?

Tarjetas de felicitación.

Si quieres ganar $400 extras al mes, tendrás que hacer estas tres cosas.

Número uno: No cambies. Continúa recomendando las cosas que te gustan, como tus programas de televisión o tu sitios de descuentos favoritos.

Número dos: Nosotros vendemos tarjetas de felicitación. Todos odian ir a la tienda para comprar esas costosas tarjetas de aniversarios, cumpleaños, agradecimiento, y demás. Nosotros les mostramos cómo pedir y enviar tarjetas desde su computadora. Imprimimos las tarjetas e incluso agregamos los sellos. Además, ¡nuestras tarjetas personalizadas cuestan menos de la mitad de las tarjetas genéricas de la tienda!

Número tres: Todo lo que tienes que hacer es esto. Unas pocas veces cada semana, mostrar a las personas cómo lucen estas tarjetas personalizadas. Algunas personas las entienden y dicen, "¡Wow!" Algunas no. Y a los que las entienden, mostrar cómo pueden registrarse para nuestro servicio en línea.

Después de algunos meses, ganarás $400 extras al mes.

¿Y qué piensas?

Servicios de reducción de deuda.

Si quieres ganar $500 extras al mes por viajar, tienes que hacer estas cuatro cosas.

Número uno: No cambies. Continúa recomendando las cosas que te gustan, como tu contador favorito o tu dentista.

Número dos: Nosotros le mostramos a las personas cómo salir de deudas y limpiar su crédito, sin tener que pagar más dinero cada mes. Todos quieren una vida libre de deudas.

Número tres: Todo lo que tienes que hacer es ayudar a cuatro familias al mes a registrarse con nuestro plan mensual de $25, para que puedan comenzar a reducir su deuda de inmediato.

Número cuatro: Renueva tu pasaporte, por que ahora tendrás el dinero extra que necesitas para gastarlo viajando con estilo.

Y así puedes ganar $500 extras el mes.

¡Y eso es todo!

✳✳✳

¿Ves los patrones?

Primero, en todas las presentaciones de un minuto hasta el momento, hemos comenzado con las palabras, "Si quieres ganar un extra…"

¿Por qué? Estas palabras demuestran que estamos yendo al punto. No queremos que la ansiedad se acumule dentro de nuestros prospectos. Con estas palabras, respondemos la pregunta, "¿Cuánto dinero puedo ganar?"

Y si ya establecimos cuánto dinero quieren ganar nuestros prospectos previamente en la conversación, esta frase le recuerda a nuestros prospectos la cantidad de dinero de la que estamos hablando.

Segundo, decimos, "Tendrás que hacer estas tres cosas." Así es, podemos decir "cuatro cosas" si es que eso explica lo que hacemos de manera más eficiente.

¡Vaya! Nuestros prospectos están pensando, "Genial. Directo al punto. No me hicieron perder mi tiempo aquí. ¿Y tres cosas, eh? Me pregunto qué serán esas tres cosas. Por favor dímelo ya. Esto no será un comercial ni una larga presentación, llena de paja e información inútil. Estamos recibiendo los hechos aquí."

Y luego comenzamos diciendo, "Número uno."

Nuestros prospectos piensan, "Esto será simple y claro. Sólo una rápida lista de lo que tengo que hacer. Excelente. Seré capaz de decidir rápidamente."

Ahora, ¿podemos cambiar las palabras en estos patrones?

Por supuesto. Pero deberíamos por lo menos saber por qué estas palabras están en nuestras presentaciones. Queremos que nuestros prospectos se sientan cómodos al llegar a los hechos tan rápidamente.

Esto se está poniendo fácil, ¿no es así?

***

Café saludable.

Si quieres ganar $500 extras al mes, tienes que hacer estas tres cosas.

Número uno: No cambies. Continúa recomendando las cosas que te gustan, como tu tienda de rosquillas o bistro favorito.

Número dos: Estamos en el negocio del café saludable, significa que los amantes del café gourmet pueden beber nuestro café a diario. Sin preocuparse por sus estómagos. Además, nuestro café les ayuda a estar sanos.

Número tres: Todo lo que tienes que hacer es sentarte con tres personas por día, y hablar con ellas mientras toman café. Al finalizar tres meses, tendrás suficientes personas tomando el café, o contándole a otros sobre el café, que puedes ganar $500 extras al mes. Sí, toma tres coffee breaks por día.

¡Y el resto depende de ti!

***

Esto comienza a sonar amable, y más educado.

Imagina que estamos hablando con un prospecto mientras esperamos en la línea del banco. El prospecto dice: –Adelante. Tengo un minuto. ¿De qué se trata? ¿Cómo funciona? Dímelo ahora. Aquí estoy." Y nosotros decimos esto.

***

Servicios financieros.

Sra. Prospecto, si usted quiere ganar $2,000 extras al mes, esto es lo que debe de hacer.

Número uno: No cambie. Me dijo que le encanta ayudar personas, así que por favor continúe haciendo una diferencia en las vidas de los demás.

Número dos: Estamos en la industria de los servicios financieros, significa que le ayudamos a las personas con sus ahorros, sus hipotecas, sus seguros y sus inversiones para el retiro. Las personas no son expertos en estas áreas, así que podemos ayudarles mucho.

Número tres: Todo lo que tiene que hacer es concentrarse en ayudar una familia por semana. Tomar una tarde o dos para ayudarles a enderezar sus finanzas, para que puedan pagar sus seguros y ahorros, mientras conservan su mismo presupuesto. Y por ayudarlos a tener una mejor vida, usted puede ganar $2,000 extra al mes.

Bien, ¿qué piensa?

***

Entre más escuchamos estos ejemplos, más rápidamente entraremos en confort para darle a nuestros prospectos las respuestas cortas a sus tres preguntas.

Pero…

¿Te diste cuenta de este patrón?

¿Te diste cuenta cómo respondimos la pregunta número tres? Comenzamos diciendo, "Todo lo que tienes que hacer es…"

¿Por qué?

Debido a que estas palabras le señalan a nuestros prospectos que les mostraremos la imagen completa ahora. No tienen que esperar por una presentación de ventas. Podemos resumir las actividades con una explicación fácil. Esto continúa relajando a nuestros prospectos para que no activen sus alarmas contra vendedores.

Además, ¿qué más sucede? Decimos, "Todo lo que tienes que hacer es…" y nuestros prospectos piensan, "Hey, esto sonará simple y alcanzable. Esto será algo que puedo hacer o aprender."

Y finalmente, terminamos con estas palabras. "Y entonces puedes ganar ____ extras al mes." Con estas palabras, le recordamos a nuestros prospectos que quieren ganar este dinero extra cada mes.

Recuerda, le dimos a nuestros prospectos una idea general de lo que deberán de hacer. Así que no te preocupes por hacer esto 100% preciso al agregar una hora de detalles. Todo lo que nuestros prospectos quieren saber en este momento es una idea general de lo que tendrían que hacer para ganar ese dinero.

Es momento para más ejemplos.

Cada presentación de un minuto que creamos es sólo nuestra versión más reciente. Con el tiempo, modificamos nuestras presentaciones de un minuto para mejorar su eficacia. Tal vez obtengamos retroalimentación de nuestros prospectos, aportaciones de nuestro patrocinador, o leímos un buen libro que contiene una manera genial de describir nuestro negocio. No te desanimes con los primeros intentos. Se ponen mejores con el tiempo.

Nuestra amiga del trabajo se queja de que la compañía no le paga bien. Ella quiere ganar más, pero no ve cómo en su posición. Le preguntamos: –¿Y cuánto dinero más te gustaría ganar?– Ella contesta: –Quiero ganar $2,000 por semana en mi carrera. Así podría hacer las cosas que quiero en la vida."

Nosotros decimos entonces: –¿Te gustaría escuchar una manera de ganar ese dinero?– Por supuesto que ella responde: –¡Sí–

Aquí está la mejor parte. No tenemos que estar nerviosos. Sólo vamos a ofrecerle una opción más en sus opciones. Eso significa que no hay rechazo. Todo lo que debemos de hacer es darle los datos.

Así que decimos: –Puedo darte una presentación completa, pero me tomaría un minuto. ¿Cuándo puedes apartar un minuto entero?–

Hecho. Ahora quiere escuchar toda la historia.

★★★

Cuidado para el cutis.

Si quieres ganar $2,000 extra a la semana, deberás de hacer cuatro cosas.

Número uno: No cambies, continúa usando tus geniales habilidades de comunicación para recomendar y promover las cosas que te gustan. Tienes maestría en eso.

Número dos: Estamos en la industria anti edad, y fabricamos un sistema de cuidado del cutis que muestra mejoras en la piel con tan sólo 48 horas. Las mujeres esperan que puedan reducir o incluso revertir el proceso de envejecimiento en su piel. Quieren ver la diferencia en su piel

Número tres: Todo lo que tienes que hacer es conseguir a cinco mujeres por semana que quieran poner a prueba nuestro paquete de "Piel Joven en 4 Días." Y dejar que decidan si quieren lucir jóvenes por siempre, o continuar envejeciendo como hasta ahora. Con el tiempo, acumularás 150 o 200 clientas felices que aman lo que hiciste por su piel.

Número cuatro: Tienes que vender tu auto. Por que una vez que tengas más de 60 clientas, la compañía te entregará un auto de lujo nuevo para que lo conduzcas. Vas a necesitar espacio en tu cochera para tu coche nuevo.

Y entonces puedes ganar $2,000 extras a la semana.

¿Y qué piensas?

***

¡Espera! Hay otro patrón.

Al principio de nuestra presentación de un minuto decimos, "No cambies."

¿Por qué?

¡Por que las personas detestan el cambio!

Cuando le decimos a nuestros prospectos que no tienen que cambiar, podemos observar cómo sus hombros se relajan y la tensión se derrite de sus rostros. Todos tenemos un miedo al cambio. El cambio nos puede sacar de nuestra zona de confort. El cambio conlleva riesgos.

Pero si nuestros prospectos no tienen que cambiar, piensan, "¡Oh genial! ¡Aquí hay algo que puedo hacer!"

¡Imagina lo que nuestros prospectos verán en sus mentes si les decimos que tienen que cambiar! ¡Oh, cielos! Tal vez se vean a ellos mismos yendo de puerta en puerta suplicando por una venta, o convirtiéndose en oradores motivacionales saturados en cafeína. Pero cuando nuestros prospectos escuchan que no tienen que cambiar, estos miedos no serán creados en sus mentes.

Ahora estamos obteniendo una reacción diferente de los prospectos a la que obteníamos en el pasado. En lugar de caras de enojo y brazos cruzados, nuestros prospectos se sienten emocionados por que no tienen que cambiar.

En el pasado, tal vez dijimos algo como esto. Veamos si podemos detectar la falla:

"Para ser exitoso en nuestro negocio, lo primero que tienes que hacer es cambiar. Así es, tienes que cambiar tu actitud, cambiar tus creencias, cambiar tus pensamientos, cambiar de familia, cambiar de amigos, cambiar lo que haces los fines de semana, cambiar lo que haces todos los lunes por la noche. Sí, debes cambiar."

Muy fácil detectar la falla, ¿correcto?

Pero cuando comenzamos con, "No cambies," todo cambia dentro de la mente de nuestros prospectos.

¿Piensas que nuestra tía, nuestra sobrina, nuestro nieto, nuestro compañero de trabajo pensarían, "Si no tengo que cambiar, ¡wow! ¡Excelente!" Hemos creado una gran creencia de que pueden hacer este negocio, debido a que las personas tienen zonas de confort.

Cuando salimos de nuestras zonas de confort, estamos incómodos.

Veamos si podemos detectar la falla en esta presentación:

"Bueno, Sr. Prospecto, para que sea exitoso, lo primero que necesita hacer es salir de su zona de confort. Conseguir un proyector. Ponerse de pie, y dar una presentación en casa de su tía mientras ella rueda por el piso con su risa histérica. Recibir rechazos por teléfono. Conocer extraños en la calle. Sólo salir de su zona de confort."

Cuando comenzamos con, "No cambies," el prospecto piensa, "Hey, aquí hay una oportunidad de la que puedo sacar ventaja."

"La mayoría de las personas ya hacen redes de mercadeo todos los días, sólo que no les pagan por ello."

Si has leído nuestros otros libros, reconocerás este tema. Es parte de la naturaleza humana el querer recomendar y promover las cosas buenas que encontramos. Todos los humanos hacemos esto.

Así que si las personas recomiendan y promueven cosas naturalmente, no piensas que se merecen una oportunidad de recibir un pago por hacerlo? ¿Por qué no dejar que tengan una opción?

No tienen que cambiar. Ya lo hacen. Esta es una oportunidad para que puedan cobrar.

"No cambies" es algo muy, muy bueno que decir.

¿Qué tal algunos ejemplos más de presentaciones de un minuto?

***

Bebidas energéticas.

Si quieres ganar $200 extras al mes sin pedirle un aumento a tu jefe, tienes que hacer tres cosas.

Número uno: No cambies. Continúa recomendando las cosas que te gustan, tal como tu refrigerio favorito de la cafetería.

Número dos: Estamos en el negocio de las bebidas energéticas. Las personas aman las bebidas energéticas y las compran a diario, pero les gustaría tener una opción saludable. Nuestro "Rayo Enlatado" es una bebida energética nutritiva y saludable para ellos.

Número tres: Todo lo que tienes que hacer es preguntarle a dos personas por día, "¿Te gustaría una bebida energética que también sea saludable?" Al final de un mes, tendrás suficientes personas tomando nuestra bebida energética y ganarás $200 extras al mes.

¡Y el resto depende de ti!

✳✳✳

Por favor nota que no hicimos nada espectacular, nada fantástico, nada innovador, nada súper inteligente. Mencionamos las tres o cuatro cosas que las personas tienen que hacer para ganar el dinero que les mencionamos.

✳✳✳

Telecomunicaciones.

Si quieres ganar $200 extras al mes, tendrías que hacer estas tres cosas.

Número uno: No cambies. Continúa recomendando las cosas que te gustan, como tu dentista familiar o el lugar a donde fueron de vacaciones.

Número dos: Estamos en el negocio de las telecomunicaciones, significa que le ayudamos a las personas a ahorrar una fortuna en sus facturas mensuales de celular.

Número tres: Todo lo que tienes que hacer es ayudar a una persona nueva a unirse a nuestro equipo cada mes, y ayudarlos a obtener sus primeros cinco clientes felices para nuestro paquete de descuentos de celular.

Y así puedes ganar $200 extras al mes.

¡Y eso es todo! El resto depende de ti. ¿Qué piensas?

***

Bueno, un triple cierre en línea suena un poco presionado.

***

Viajes con descuento.

Si quisieras ganar unos $400 extra al mes, debes hacer estas tres cosas.

Número uno: No cambies. Continúa recomendando las cosas que te gustan, como tus actividades favoritas de fin de semana o tu lugar de verano preferido.

Numero dos: Estamos en el negocio de los viajes con descuento, lo que significa que le ayudamos a las familias a tomar vacaciones de cinco estrellas por el precio de una noche en un buen hotel. Saldrán de vacaciones a fin de cuentas, así que es mejor que saquen más valor por el mismo dinero.

Número tres: Todo lo que tienes que hacer es preguntar a dos personas por día, "¿Te gustaría tomar unas vacaciones geniales este año sin gastar más?" Al terminar dos meses, tendrás suficientes familias viajando para ganar $400 extras al mes.

¡Y eso es todo! El resto depende de ti.

***

¿Luce más claro?

Lo simple es mejor. La claridad es mejor. Tenemos que evitar la tentación de tratar de colocar todas las cosas buenas que aprendimos en el pasado, dentro de nuestra presentación.

Aquí está un ejemplo de tratar de **vender demasiado.**

***

Salud y bienestar. (¡Oh, ya suena vago para empezar!)

Si quieres crear un ingreso de tiempo completo extra, necesitas hacer estas tres cosas.

Número uno: Bueno, no cambiar ni poco. Sigue disfrutando las conversaciones regulares con las personas, como lo estás haciendo conmigo. Asegúrate de ser amigable y genuino, como lo eres ahora conmigo. Sigue queriendo estar saludable.

Número dos: Estamos en el negocio de salud y bienestar, significa que tenemos un innovador y patentado medicamento totalmente natural, que es el resultado de 40 años de investigación por nuestros científicos galardonados. Este asombroso descubrimiento está cambiando las vidas de las personas.

Número tres: Todo lo que tienes que hacer es exactamente lo que estás haciendo conmigo ahora. Hablar con personas. Contarles sobre las ciencia de nuestros productos. Luego mostrarles nuestro libro de testimoniales de otras personas que aman nuestro milagro nutricional y los efectos que ha tenido en su producción de mitocondria. Y, cuando te hagan la pregunta que tú me hiciste a mí, tú simplemente les dices lo que te estoy diciendo ahora. Toma como un minuto. Y haciéndolo, siendo amigable y genuino, queriendo estar saludable, y hablando con unas pocas personas al día, cinco días por semana, compartiendo lo que estoy compartiendo contigo, y proveyendo más detalles a los que quieran… crearás un ingreso de tiempo completo como en dos años.

¿Quieres entrar?

✶✶✶

Ughh.

¿Podemos ver dónde esto salió mal? Veamos si podemos mejorar esta presentación con sobreventa y hacerla más simple. Aquí hay una versión editada. Piensa sobre cuál sonaría mejor a un prospecto.

✶✶✶

Salud y bienestar.

Si quieres ganar un ingreso de tiempo completo, necesitas hacer estas cuatro cosas.

Número uno: No cambies. Continúa hablando sobre lo que te apasiona.

Número dos: Estamos en el negocio de salud y bienestar, significa que nos aseguramos de ayudar a que las personas vivan más tiempo. Todos queremos ver a nuestros tataranietos casados. ¿Cómo hacemos eso? Tomando una súper píldora amarilla al día para proteger nuestro cuerpo. La mayoría de las personas estaría felíz con una oportunidad de asegurarse de que pueden vivir más.

Número tres: Todo lo que debes hacer es compartir esta solución de la píldora amarilla con una persona al día. Durante los próximos dos años, acumularás suficientes clientes y personas que quieran compartir esta píldora amarilla y habrás creado un ingreso de tiempo completo.

Número cuatro: Y entonces deberás decidir si conservas tu trabajo, o sigues compartiendo nuestra píldora amarilla mejor.

¿Qué piensas?

✳✳✳

¿Mejoramos?

Seguro. La diferencia es fácil de observar. Todas nuestras presentaciones de un minuto son trabajos en progreso.

Deberíamos continuar afinando nuestras presentaciones para hacerlas más simples y claras. Algunas palabras activan las "alarmas de vendedores" y otras palabras son muy complicadas. Nos convertimos en expertos de nuestros productos y utilizamos un vocabulario de la industria, pero nuestros prospectos pueden no saber de qué estamos hablando.

No te desesperes si una presentación de un minuto no luce ni se siente bien cuando comenzamos. Editando, probando, y mejorando nos hacemos geniales con el tiempo.

Por ejemplo, cuando vemos que los ojos de nuestros prospectos de humedecen, eso sería una indirecta de que es necesario mejorar esa sección. O, en una reunión, escuchamos a otro distribuidor describiendo las cosas de una manera que nos gusta.

¡Sólo sigue mejorando! Nuestra presentación de un minuto se hará mejor y mejor con el tiempo. Pronto estaremos enamorados de nuestra presentación de un minuto, y también lo estarán nuestros prospectos.

¿Estaría bien si agregamos un poco más de afinidad y algunas palabras mágicas más?

Mientras agregamos nuestras otras habilidades de redes de mercadeo, nuestras presentaciones de un minuto se hacen todavía más asombrosas. Vamos a comenzar agregando algunas palabras mágicas a una presentación sobre una necesidad diaria. Sí, una mercancía.

***

Servicios.

Si quisieras ganar $200 extras al mes, necesitas hacer estas tres cosas.

Número uno: No cambies. Continúa recomendando las cosas que te gustan, tal como tu restaurante favorito o tu pasatiempo de fin de semana.

Número dos: Bien, tú sabes cómo todos reciben una factura eléctrica, una de gas, de teléfono, de celular, y hasta de internet? Nosotros les mostramos cómo obtener un descuento instantáneo en estos recibos al llenar un simple formulario en línea que sólo toma pocos minutos.

Número tres: Todo lo que tendrías que hacer es ayudar a una persona por semana a obtener su descuento mostrándole cómo completar su formulario. Y así ganarías $200 extras al mes.

¿Estaría bien si ayudaras a algunos amigos a ahorrar dinero, y que también te pagaran por hacerlo?

Antioxidantes.

Si quieres ganar $300 extra al mes, necesitas hacer estas tres cosas.

Número uno: No cambies. Continúa recomendando y promoviendo las cosas que te gustan, tal como tu doctor favorito o tienda de ropa.

Número dos: Bien, tú sabes cómo todos odiamos lucir viejos? Nosotros le ayudamos a las personas a retrasar el proceso de envejecimiento para que puedan seguir jóvenes... por más tiempo. A las personas les gusta, y lo hacen tomando estas cápsulas de un súper antioxidante dos veces al día.

Número tres: Todo lo que debes hacer es encontrar a una persona por semana que quiera vivir más tiempo y cuidar a su cuerpo tomando nuestras cápsulas súper antioxidantes. Y, después de dos o tres meses, tendrías suficientes personas disfrutando los antioxidantes para ganar $300 extra al mes.

¿Estaría bien si ayudas a unos de tus amigos a vivir más tiempo, y recibir un pago por hacerlo?

***

¿Las cosas se están aclarando?

Adivina lo que sucede cuando doy un taller de Presentación de Un Minuto? Después de que alguien demuestra su nueva presentación, alguna persona en el taller dice, "¡Hey! Eso suena muy bien. Conversemos durante la pausa."

¿Por qué? Se debe a que hay un mercado ansioso y dispuesto para tener nuestros productos y servicios. Muchas personas no pueden esperar a tener lo que ofrecemos. Ya quieren lo que tenemos para ofrecer, pero no lo explicamos claramente. Ahora que hacemos clara nuestra oferta, saltan ante la oportunidad de comprar o unirse.

Todas estas presentaciones de un minuto son muy breves. ¿Puedo hacer la mía un poco más larga?

Por supuesto. Sólo recuerda que lo breve es más simple y lo simple es mejor que lo prolongado y complicado. No querríamos que nuestros prospectos tengan que recordar demasiados datos o detalles.

Pero hagamos algunas presentaciones de un minuto un poco largas para mostrar cómo podemos explicar planes de compensación complicados, en caso de que sea esto lo que nuestros prospectos quieren.

***

Dieta limpiadora.

Si quieres ganar $5,000 extras al mes, necesitas hacer estas cuatro cosas.

Número uno: No cambies. Continúa recomendando y promoviendo las cosas que te gustan, como tu tienda de rosquillas favorita o el bufete de pizzas.

Número dos: Bien, tú sabes cómo es difícil perder peso. Nosotros ayudamos a las personas con sobrepeso a controlarlo con una simple limpieza de una semana que hace que sus cuerpos trabajen más eficientes.

Número tres: En algún momento de tu vida, tienes que encontrar cuatro personas que se sientan como tú con este negocio. Quieren ganar un ingreso de tiempo completo, o un muy buen ingreso de medio tiempo ayudando a otros a manejar su peso. Ahora, no tienes que encontrar a los cuatro de inmediato. Ve a tu ritmo. Uno por mes, uno por década, pero en algún momento de tu vida, encuentra cuatro personas que se sienten como tú.

Número cuatro: Entre tú, y todos con los que hables, y todos con los que ellos hablen, y todos con los que ellos hablen, para siempre, eventualmente acumularás 300 personas que usen la dieta limpiadora regularmente. Y entonces puedes ganar $5,000 extras al mes.

Y... ¡eso es todo!

Servicios legales.

Si quieres ganar $500 extras al mes, son necesarias estas cuatro cosas.

Número uno: No cambies. Continúa recomendando y promoviendo las cosas que te gustan, como tu contador de impuestos de confianza o tu proveedor de artículos de oficina.

Número dos: Bueno, tú sabes cómo algunas veces tenemos estos problemas legales, pero no los arreglamos por que los abogados son muy caros. Les damos a las familias un abogado por teléfono por una cuota plana de $30 al mes. Ahora las personas no pueden abusar de nosotros.

Número tres: Cada jueves por la noche tenemos una presentación en línea sobre cómo funcionan estos servicios legales. La presentación toma 18 minutos. Todo lo que tienes que hacer es asegurarte de que dos o tres personas miren esta presentación por semana.

Número cuatro: Usualmente, como la mitad de las personas que miran la presentación dicen, "Sí, esto es exactamente lo que necesito." Entonces les ayudas a entrar a nuestra página para completar su formato de miembros, además, puedes responder las preguntas que podrían hacerte.

Y entonces puedes ganar $500 extras al mes.

Y… ¡eso es todo!

Purificadores de aire.

Si quieres ganar $500 extras al mes, necesitas hacer estas tres cosas.

Número uno: No cambies. Continúa recomendando y promoviendo las cosas que te gustan, como tu equipo deportivo, tu coche favorito o tu cerveza favorita.

Número dos: Estamos en el negocio de purificación del aire, significa que le mostramos a las personas cómo obtener aire fresco y limpio dentro de sus hogares, incluso con los altos niveles de contaminación que se registran en nuestra ciudad. Ahora pueden respirar mejor y dormir bien.

Número tres: Todo lo que hay que hacer es demostrar nuestro filtro de purificación de aire a cinco o seis personas cada mes, para que puedan observar y experimentar la diferencia. Luego, dejar que ellos decidan. Como la mitad de las personas querrán el purificador de aire inmediatamente. Y entonces puedes ganar $500 extras al mes.

¡Y el resto depende de ti!

✱✱✱

¿Ves el otro patrón?

Nota cómo finalizamos nuestra presentación con las palabras:

"Y entonces puedes ganar ___ al mes."

Esta es una genial manera de señalar a nuestros prospectos que estamos terminando nuestra presentación. Incluso a pesar de que dijimos que terminaríamos en un minuto, muchos no nos creen. Así que cuando terminamos en menos de un minuto, están en shock… ¡quedan impactados!

Además, esta frase resume el gran beneficio que quieren nuestros prospectos. Les recordamos el dinero que pueden ganar. Ese fue el punto de nuestra presentación, ¿no es así?

¿Te sientes un poco nervioso haciendo esto por primera vez?

Eso sólo significa que somos seres humanos. Por supuesto que estaremos algo nerviosos cuando probemos esto primero.

¿Pero qué ocurre la segunda ocasión que damos una presentación de un minuto? Tal vez seguimos un poco nerviosos.

¿La tercera? Nos sentimos mejor.

¿La cuarta ocasión? Aliviados. Esto es muy fácil.

¿La quinta ocasión que intentamos? Estamos emocionados por que podemos ver cuánto nuestros prospectos aprecian que la presentación sea corta y al punto.

¿La sexta? Se siente tan natural. Pronto seremos capaces de hacerlo dormidos.

Mientras mejoramos nuestra presentación de un minuto, recuerda estos hechos:

1. Si nuestra presentación de un minuto es mala, se termina en menos de un minuto.

2. La peor presentación de un minuto es usualmente mejor que una presentación perfecta de 30 minutos.

3. Si hacemos una presentación terrible de un minuto, nuestro prospecto pensará, "Wow. Eres terrible. Yo lo puedo hacer mejor. ¡Ganaré una fortuna!"

UNAS PALABRAS SOBRE LAS LLAMADAS DE TRES VÍAS.

¿Consejos de teléfono míos? Bueno, no me gusta usar el teléfono. Hace décadas, cuando comencé en redes de mercadeo, los líderes de la compañía tenían una pequeña broma sobre mí. Decían, "Nunca pongas a Big Al en una llamada de tres vías con un prospecto. No sólo el prospecto no ingresa, ¡sino que el distribuidor renuncia!"

Yo no creo ser tan malo. Sin embargo, aún limito mi tiempo al teléfono. Si llamamos a un referido, podríamos mantenerlo muy corto con la presentación de un minuto. Aquí hay un ejemplo.

Distribuidor: –Hola, ¿es el Sr. Referido?–

Sr. Referido: –Sí.–

Distribuidor: –Un amigo suyo me dio su número y, ¡vaya! ¡Tengo una oportunidad genial para usted!–

Sr. Referido: –¿No me escuchas masticando? Estoy comiendo mi cena.–

Distribuidor: –Oh disculpe. Puedo darle una presentación completa, pero sólo tomaría un minuto. ¿Cuándo puede apartar un minuto entero?–

Sr. Referido: –Me tomará un minuto terminar de masticar y tragar. Hazlo ahora para que no me vuelvas a llamar nunca.–

Es asombroso, ¿no es así? Incluso si somos terribles al teléfono, esta presentación de un minuto nos puede ayudar.

Pero, de regreso a esas llamadas de tres vías.

¿Por qué hacemos llamadas de tres vías con nuestro equipo?

Las llamadas de tres vías con los prospectos nos pueden ayudar con la credibilidad. Cuando somos nuevos, suena mejor cuando una tercera persona le da la presentación a nuestro prospecto.

Pero podemos crecer desde ahí.

La razón más grande para las llamadas de tres vías con los distribuidores es que ellos no pueden explicar el negocio apropiadamente. No saben dónde comenzar, dónde terminar… o incluso cuándo dejar de hablar. En el siguiente ejemplo, podemos ver cómo la presentación de un minuto puede ayudar.

Imagina que eres como yo, te sientes incómodo con las largas conversaciones telefónicas. Un día tu distribuidor llama y te dice: –Hey tengo a un prospecto caliente en la línea aquí conmigo. Por favor dile sobre nuestra oportunidad."

¡Rayos! Sin contexto, sin preparación. Así que tomas la llamada, haces lo mejor que puedes y dices: –Puedo darle una presentación completa, pero tomaría un minuto entero. ¿Cuándo puede apartar un minuto?–

El prospecto dice: –Ahora mismo. Dímelo por teléfono.–

Le das tu presentación de un minuto y concluyes diciendo: –Y el resto depende de ti. Así que me retiro de la llamada para que puedan conversar entre ustedes. Gracias por su tiempo.

Hecho.

¿Qué está pensando el prospecto? "Eso no fue tan difícil. Puedo aprender a decir eso."

¿Qué está pensando el distribuidor? "No necesito hablar con mi patrocinador. Puedo aprender a decir eso."

La presentación de un minuto es una manera genial de apoyar a que los nuevos distribuidores se hagan competentes rápidamente.

¿Cuál sería una mejor introducción en una llamada de tres vías?

No decimos nada al comenzar la llamada. El distribuidor comienza su llamada con su prospecto diciendo:

–Hola, John. Te comenté en el trabajo que pondría a mi patrocinador al teléfono contigo por un minuto, para que pueda decirte lo que me dijo a mí. Y, tal vez quieras comenzar tu negocio como nosotros lo hicimos. Pero bueno, aquí está mi patrocinador.–

No es difícil hacer que cualquiera nos escuche si prometemos que nuestro lado de la conversación sólo durará un minuto. Eso hace que las citas para llamadas de tres vías sean muy fáciles.

¿Cuánto me tomará entrenar a un nuevo distribuidor para usar la presentación de un minuto?

Una vez que nuestro distribuidor descubre la presentación de un minuto, es tiempo de tomar algo de experiencia. Esta es una manera de conseguir esa experiencia rápido.

Podemos llamar a nuestro nuevo distribuidor y decir: –Bien, vamos a comenzar ya. Haz una lista de cinco personas con las que hablaremos mañana por la noche. A las 6:30 pm, me pondré al teléfono contigo y te ayudaré a hacer las llamadas.–

La tarde siguiente, nos ponemos al teléfono con nuestro nuevo distribuidor. Llamamos al primer prospecto, luego al que sigue, etc. Damos nuestra presentación de un minuto mientras nuestro nuevo distribuidor escucha.

Para las 7:00 pm, hemos terminado. Listo.

Podemos regresar a mirar televisión. Nuestro nuevo distribuidor puede regresar con su esposa y decir: –¿Adivina qué? Terminé por hoy. De las cinco llamadas, tres estaban en casa y respondieron al teléfono. Una persona quiere ingresar.–

Esta es una manera en la que podemos construir nuestro negocio eficientemente sin perder horas al teléfono.

¿SIEMPRE ES ASÍ DE FÁCIL?

"¿Siempre es así de fácil? Damos nuestra presentación de un minuto y los prospectos nos arrojan billetes?"

Al finalizar nuestra presentación de un minuto, nuestros prospectos tienen estas tres opciones:

Opción #1: Quiero unirme al negocio.

Opción #2: No quiero unirme a tu negocio.

Opción #3: Tu negocio suena bien, pero tengo una pregunta o dos.

No es muy complicado.

¿Y cómo manejamos estas opciones en la vida real?

La Opción #1 es fácil. Quieren unirse. Los afiliamos y listo.

La Opción #2 el fácil también. No quieren unirse. Seguimos con nuestra conversación sobre otros temas.

La Opción #3 requiere que prosigamos con nuestra conversación. Nuestros prospectos tienen preguntas, y debemos responder sus preguntas.

Respondiendo preguntas.

Aquí está nuestra filosofía sobre las preguntas.

1. Cuando los prospectos hacen preguntas, eso significa que quieren ingresar. Piensa en ello. Si nuestros prospectos no quieren unirse, ¿por qué pedirían más información? Quieren más datos para apoyar su deseo de unirse.

2. Es educado responder las preguntas de nuestros prospectos tan claramente como sea posible.

3. Si nuestra respuesta los descalifica, está bien. No es para ellos en este momento.

Esto será agradable y fácil.

Nuestro trabajo es responder las preguntas de nuestros prospectos de manera honesta y directa. No tenemos que aprender técnicas especiales de rechazos, análisis de manipulación, o programación neuro lingüística avanzada. Respondemos sus preguntas. Nuestros prospectos son adultos. Pueden decidir qué es mejor para sus vidas.

¿Qué tipo de preguntas harán nuestros prospectos?

Veamos algunas preguntas comunes. Por favor nota que las respuestas a estas preguntas son simples. ¿Podemos aprender maneras adicionales de responder en el futuro? Por supuesto. Siempre y cuando sean honestas y directas, estarán bien.

Pregunta: "Bien, ¿y cuál es el nombre de tu compañía?"

Respondemos con el nombre de nuestra compañía. Listo. Nuestro prospecto puede hacernos otra pregunta. O, tal vez nuestra respuesta descalifica a nuestro prospecto. Nuestro prospecto negativo dice: –Oh, no puedo unirme a ninguna compañía que comienza con vocal. Las vocales son del diablo.–

Hecho.

No hay necesidad de que prosigamos. Es momento de cambiar de tema. Ahora, eso es un alivio. No tenemos que pelear contra su objeción diciendo: –Bueno, algunos productos comienzan con consonantes. No todo empieza con vocales. Escuché que hay un nuevo alfabeto que está por salir…–

Nuestros prospectos tienen opciones. No podemos ser responsables por sus opciones y lo que esas opciones significan en sus vidas.

Pregunta: "¿Cuánto cuesta comenzar?"

Les decimos cuánto. Nuestra respuesta puede ser algo como esto.

–$99 para comenzar. Con eso arrancas, te registras y más. Y luego puedes comprar tanto o tan poco producto como decidas.–

O, podríamos decir: –No es como abrir un negocio en un centro comercial. No te costará $50,000 y un ojo de la cara. Sólo cuesta $999 el registro, y ya incluye tu entrenamiento y el anillo descodificador secreto.–

No hace falta ocultar el precio. Cualquier persona seria que quiera comenzar un negocio sabe que costará dinero. Además, díselo ahora.

¿Cuánto tiempo crees que lo puedas mantener en secreto? No es como que estarán en el negocio por tres o cuatro años, y después nos dirán, "Oh vaya, ¡así que eso costaba ingresar!"

¿Qué tal si nuestro prospecto reacciona diciendo?: –¡Claro que no! ¿Estás loco? ¿Por qué pagaría todo eso para ingresar? ¡Puedo comprar una franquicia de comida rápida por $49!–

Esta persona no es un genio de los negocios, no lo queremos como líder dirigiendo alguno de nuestros equipos. Ahora podemos elegir hablar sobre otro tema.

Pero te estarás preguntando, "¿Por qué no le decimos a nuestros prospectos cuánto cuesta entrar durante nuestra presentación de un minuto?"

Buena pregunta. Bien, podemos incluir esto en nuestra presentación. Hay muchas cosas que podemos incluir en nuestra presentación, pero considera esto.

Si nuestros prospectos no quieren unirse, ¿por qué molestarlos con todos esos datos inútiles sobre el precio de afiliación? No hay necesidad de perder tiempo explicando los costos de inicio cuando nuestro prospecto no quiere unirse.

Y si nuestro prospecto quiere unirse al final de nuestra presentación de un minuto, nos puede preguntar el precio de la afiliación.

Pregunta: "Bueno, ¿cuánto dinero has ganado?"

Hay reglas sobre mencionar ingresos en varios países, así que si hicimos una fortuna, no tendríamos permitido decirlo a nuestros prospectos. Pero imaginemos que hasta el momento hemos ganado... cero. No hemos ganado nuestro primer cheque. ¿Qué podríamos decir?

"No he ganado nada todavía. Es un negocio, no un empleo. Estoy esperando comenzar a ganar buen dinero en unos seis meses. Luego, usaré ese dinero para tomar un crucero al Caribe. Me preguntaba si quieres unirte y construir un negocio conmigo, o no. Podemos ir juntos en ese crucero. Si no te interesa el negocio, no hay problema. ¿Me podrías dar tu dirección postal por que quiero enviarte una tarjeta desde el Caribe?"

Las preguntas son fáciles.

Respondamos lo mejor que podamos. Después, podemos mejorar. Por ahora, tranquilízate. Ser honesto y directo es la mejor ruta.

Podemos hacer más ejemplos de preguntas, pero las respuestas siempre son las mismas. Honestidad y claridad.

Sólo los prospectos interesados harán preguntas, así que demos la bienvenida a sus preguntas.

Si nuestros prospectos no están interesados, les damos la oportunidad de decir que no cuando terminamos nuestra presentación de un minuto. ¿Recuerdas esos cierres fáciles?

1. ¿Y qué piensas?

2. Eso es todo.

3. Y el resto depende de ti.

Los prospectos pueden decirnos "no" en este momento, y no debemos de preocuparnos por ninguna pregunta.

¿Pero qué hay de las objeciones?

Los prospectos crean objeciones basadas en lo que decimos y lo que hacemos. Si cambiamos lo que decimos y hacemos, recibiremos menos objeciones, o ninguna objeción.

¿Escéptico? Considera este ejemplo.

Un prospecto camina por la calle. De pronto, el prospecto levanta las manos al aire y grita, "¡Es pirámide!"

Bueno, eso no ocurre en la vida real. En la vida real, la objeción de la pirámide proviene de algo que nosotros dijimos o algo que hicimos.

Así que pensemos de nuevo sobre las objeciones. La mayoría de las objeciones que hemos obtenido en el pasado se irán cuando digamos cosas diferentes. Muchas objeciones son simplemente maneras en las que nuestros prospectos quieren cambiar la conversación.

Sin embargo, con la presentación de un minuto, le damos a nuestros prospectos muchas oportunidades de salir de la conversación. No hay necesidad de que nuestros prospectos salgan con objeciones ridículas para poder escapar.

Ahora podemos relajarnos. No tendremos que aprender respuestas para la mayoría de las objeciones que hemos escuchado en el pasado.

Y en el lado positivo, habrá menos objeciones por que sólo estamos teniendo una conversación normal con nuestros prospectos. No estamos entregando una presentación de ventas completa de 30 minutos que hace que quieran escapar.

Recuerda, la mayoría de nuestras objeciones iniciales se irán. ¿Por qué? Debido a que le dijimos a nuestros prospectos que nuestra presentación duraría un minuto entero. Nuestros prospectos piensan, "No quiero darte objeciones, por que te podría tomar más de un minuto responder esa objeción. Comienza con tu presentación de un minuto ahora mismo."

EXPANDIENDO NUESTRA PRESENTACIÓN DE UN MINUTO.

Cuando hablamos sobre ingresos más grandes, necesitamos una manera diferente de explicar lo que los prospectos necesitarían hacer. Podemos ser creativos aquí.

Recuerda, la presentación de un minuto está diseñada para darle a los prospectos una vista general. Les ayudamos a tomar una decisión preliminar de:

1. "Sí, quiero unirme."

2. "No, no quiero unirme."

3. "Tengo algunas dudas."

No tenemos que incluir todos los detalles y condiciones para cada punto que presentamos.

En este momento, los prospectos quieren saber si deberían continuar la conversación o no.

Démosle a nuestros prospectos lo que que quieren. Después, nuestros prospectos nos podrían preguntar por la información que hemos estado esperando por contar. Pero **no** ahora.

¿Cómo podemos explicar ingresos más grandes?

Comenzaremos con un ejemplo, y después lo puliremos un poco.

***

Si quieres ganar $5,000 extras al mes, necesitas hacer estas tres cosas.

Número uno: No cambies. Continúa recomendando y promoviendo las cosas que te gustan, como tu bebida favorita, o tus actividades de fin de semana.

Número dos: Estamos en el negocio de las mascotas. Hacemos que los dueños sean felices ayudando a que sus mascotas vivan por más tiempo. Hacemos esto al proveer suplementos de nutrición especial y alimento para sus mascotas.

Número tres: Todo lo que tienes que hacer es conseguir tres o cuatro líderes para construir un pequeño equipo de distribuidores que aman a las mascotas. Enseñarle a estos líderes a enseñar a sus distribuidores cómo hablar con dueños de mascotas. Y, si hacen bien el trabajo, en menos de un año, puedes estar ganando $5,000 extras al mes.

¿Y qué piensas?

***

Bien, técnicamente esto explica nuestro negocio. Pero cuando hacemos el paso número tres –explicar lo que tienen que hacer para ganar ese dinero– se torna muy confuso. ¿Cómo podemos solucionar eso?

Regresemos al propósito de la presentación de un minuto. Queremos darle a nuestros prospectos una comprensión de lo que hacemos. No tenemos que explicarlo todo con detalles microscópicos. Entonces, ¿habrá una mejor manera de explicar el paso número tres en el ejemplo anterior?

Piensa en esto desde el punto de vista del prospecto. Les pedimos que consigan tres o cuatro líderes. ¡Pero no tienen ni idea de lo que es un líder! Lo que decimos puede ser preciso, pero nuestros prospectos no lo comprenderán. ¿Hay otra manera que puedan entender nuestra explicación de los líderes?

Después, les pedimos construir un pequeño equipo de distribuidores. En este punto, puede que no sepan lo que es un distribuidor o lo que hace. De nuevo, esto no es ser claros.

Para resolver esto, describiremos un líder como alguien que "siente" lo mismo que ellos. Alguien que ama las mascotas y quiere ayudar a otros dueños de mascotas a estar felices con sus mascotas que viven más tiempo y están más saludables. Esto es lo que necesitan saber en este punto en su proceso de toma de decisiones.

Aquí está cómo sonaría el paso número tres ahora.

"Todo lo que tienes que hacer es, entre tú, y todos con los que hablas, y con todos los que ellos hablan, y con todos los que ellos hablan, para siempre, encontrar cuatro o cinco personas que se sientan como tú. Personas que aman a las mascotas, y quieran ganar un ingreso de tiempo completo ayudando a las mascotas a vivir vidas más largas y felices."

¿Qué hemos hecho?

Le dijimos a nuestros prospectos que sólo deberían encontrar cuatro o cinco personas que "sienten" lo mismo que ellos. Y no tienen que encontrar a todas las personas inmediatamente. Pueden ir a su paso.

Ahora, si encuentran cuatro o cinco personas que se sienten como ellos, estas personas serían líderes, o líderes potenciales. Estas personas están emocionadas sobre compartir la misión de ayudar a que las mascotas vivan más tiempo.

Si tuviesen cuatro o cinco líderes en su equipo, deberían estar ganando por lo menos $5,000 al mes. Esta explicación es más fácil para que nuestros prospectos comprendan. Así que veamos cómo suena esto en nuestra presentación de un minuto.

***

Si quieres ganar $5,000 extras al mes, necesitas hacer estas tres cosas.

Número uno: No cambies. Continúa recomendando y promoviendo las cosas que te gustan, como tu bebida favorita, o tus actividades de fin de semana.

Número dos: Estamos en el negocio de las mascotas. Hacemos que los dueños sean felices ayudando a que sus mascotas vivan por más tiempo. Hacemos esto al proveer suplementos de nutrición especial y alimento para sus mascotas.

Número tres: Todo lo que tienes que hacer es, entre tú, y todos con los que hablas, y con todos los que ellos hablan, y con todos los que ellos hablan, para siempre, encontrar cuatro o cinco personas que se sientan como tú. Personas que aman a las mascotas, y quieran ganar un ingreso de tiempo completo ayudando a las mascotas a vivir vidas más largas y felices.

Y así puedes ganar $5,000 extras al mes.

¿Qué piensas?

***

Nuestra meta es comunicar nuestro negocio claramente. Algunas ocasiones demasiada información confunde a los prospectos. Esto genera una explicación de nuestro negocio que es poco clara e injusta.

Hagamos otro ejemplo.

***

Si quieres ganar $5,000 extras al mes, necesitas hacer estas tres cosas.

Número uno: No cambies. Continúa recomendando y promoviendo las cosas que te gustan, tal como tu música o tu banda favorita.

Número dos: Estamos en el negocio de las vitaminas. La mayoría de las personas quieren vitaminas, pero no saben cuáles tomar, y no quieren perder su dinero. Nosotros les mostramos las que mejor les funcionan para que no gasten su dinero.

Número tres: Todo lo que tienes que hacer es, en algún momento de tu vida, localizar cuatro o cinco personas que también sientan la pasión por la nutrición. Enseñarles cómo pueden tener un negocio de medio tiempo apoyando a sus amistades a tener una mejor nutrición. Ahora, no tienes que encontrar a todas las personas ya mismo. Toma tu ritmo. Uno por semana, uno por mes, o uno por año. Y entonces puedes ganar $5,000 extras al mes.

¿Qué piensas?

***

Encontrar cuatro o cinco personas que sientan la pasión por la nutrición. Eso suena alcanzable. Y, no hay un límite. Esto le da a nuestros prospectos una idea de lo que tienen que hacer para ganar $5,000 al mes.

¿Qué más puedo hacer?

Describir ingresos más grandes es una manera en la que podemos ajustar nuestras presentaciones de un minuto.

Si nuestra compañía tiene un bono de automóviles, podríamos agregar eso.

Si nuestra compañía tiene vacaciones gratuitas que pueden ganar, podríamos agregar eso.

Podríamos incluir estos beneficios en el paso número tres, o podríamos agregar un paso adicional para incluir ese beneficio. Aquí hay algunos ejemplos.

***

Número tres: Todo lo que tienes que hacer es, en algún momento de tu vida, localizar cuatro o cinco personas que tengan la pasión por apoyar a otros a organizar sus finanzas. Enseñarle a estas personas cómo usar su seguro y fondos mutualistas puede ayudarle a la familia promedio a lograr el éxito.

Número cuatro: Comienza a buscar niñera. Por que no sólo estarás ganando $5,000 extras al mes, sino que la compañía te regalará una semana de vacaciones con todo incluido, una vez por año.

Y el resto depende de ti.

***

Hagamos una con una oferta de bonificación de autos.

***

Número tres: Todo lo que tienes que hacer es, en algún momento de tu vida, localizar cuatro o cinco personas que quieran un buen ingreso de medio tiempo, o tal vez de tiempo completo. Mostrarles cómo pueden ganar ese dinero extra ayudando a sus amigos y vecinos a ahorrar dinero en su factura de servicios. Esto te hará ganar $5,000 al mes.

Número cuatro: Vende tu auto. Deberás de hacer espacio en la cochera para el auto nuevo con el que la compañía reconoce a sus trabajadores serios.

Y el resto depende de ti.

***

¿Qué tal una más para productos de dieta? Haremos que esta sea divertida.

***

Número tres: Todo lo que tienes que hacer es, en algún momento de tu vida, localizar cinco personas con sobrepeso que quieran bajar, y quedarse delgados por siempre, y contarle a todos sobre su éxito. Encontrar personas con sobre peso es fácil. Es difícil perderlos de vista. Pero debemos saber si son serios acerca de perder peso.

Número cuatro: Tendrás que renovar tu pasaporte y tu licencia de conducir por que te verás muy diferente. Y tendrás que invertir un fin de semana al mes para comprar ropa nueva para tu cuerpo en forma. Pero con esos $5,000 extras al mes, ir de compras será mucho más divertido.

¡El resto depende de ti!

***

Hazlo fácil. No queremos decir a los prospectos:

"Y todo lo que tienes que hacer es encontrar 20 clientes calificados, cada uno usando tres de los servicios en tres piernas con tres generaciones. Cada pierna primaria deberá de tener otros dos ciclos de distribuidores que dupliquen el mismo volumen y que firmen el formato A-14."

Bueno, quizá no seamos así de malos, pero en ocasiones nuestra explicación suena en código para los oídos de nuestros prospectos.

Y entonces, si nuestros prospectos están interesados, podemos placenteramente revisar todos los pequeños detalles de nuestro negocio.

POR QUÉ LOS DISTRIBUIDORES NO DAN PRESENTACIONES.

Aquí hay cuatro razones por las que los distribuidores no presentan su programa a su mercado caliente de amistades y parientes:

1. No comprenden cómo funcionan sus programas. Hicimos que nuestra explicación inicial fuera demasiado complicada.

2. No saben cómo presentar su negocio. No asistieron al entrenamiento. Nunca han sido personas de ventas.

3. Tienen miedo del rechazo. Piensan que una presentación es una propuesta de ganar-perder. No les dijimos que nuestra misión es darle a nuestros prospectos una opción más en sus vidas.

4. No creen en su negocio. Piensan que una persona tiene que presionar como vendedor desesperado, y saben que a su mercado caliente no le gustaría eso.

¿Quieres resolver estos cuatro problemas?

Prueba haciendo simples nuestras presentaciones. Nosotros recomendamos la presentación de un minuto para los nuevos distribuidores.

- Una presentación simple, es clara y fácilmente entendible para ambos el prospecto y el distribuidor.
- Una presentación simple es fácil de aprender y no requiere de una sesión de entrenamiento de tres horas.
- Una presentación simple ayuda a reducir el rechazo. El prospecto no quiere levantar su resistencia de ventas si la presentación dura sólo un minuto.
- Y finalmente, es fácil creer en nuestro programa si encontramos que es fácil que cualquiera lo explique.

Esta presentación de un minuto resuelve todos estos cuatro problemas. Al reducir nuestras presentaciones a sólo los puntos más pertinentes, todos estarán felices. Si nuestro prospecto está interesado, puede obtener los detalles adicionales ahora, o en su primer sesión de entrenamiento. Pero obtener detalles adicionales es elección de nuestro prospecto, no nuestra.

La mayoría de nuestros prospectos están felices con presentaciones de un minuto que sean cortas, claras y al punto.

¡Podemos usar la presentación de un minuto donde sea!

Esta corta presentación resuelve el problema de cómo hablamos con alguien cuando no estamos sentados en una presentación oficial cara a cara. No necesitamos de un panfleto, no necesitamos diapositivas de PowerPoint, e inclusive no necesitamos pluma ni papel. Esto nos libera para dar una presentación en cualquier lugar en cualquier momento.

Veamos algunos lugares donde nuestra presentación de un minuto sería una opción apropiada.

1. Cuando vamos por nuestros hijos a la escuela, no tenemos tiempo de sentarnos con otros padres y madres para hacer una presentación y mostrar nuestro catálogo.

2. Estamos esperando nuestra mesa en un restaurante. La recepcionista comenta: –No muchas personas vienen aquí a las 4:00 pm. ¿En qué tipo de negocio estás?"–

3. Estamos en una llamada de tres vías con nuestro prospecto. El prospecto dice: –Estoy ocupado con la familia. ¿De qué se trata?–

4. Mientras estamos en la línea del banco, la pareja del frente comienza a conversar con nosotros. Nos hacen la pregunta, "¿En qué clase de negocio estás?"

5. En nuestro vuelo de regreso a casa, la persona sentada a nuestro lado dice: –Luces tan felíz. Dime, ¿qué clase de trabajo tienes?–

6. Invitamos a nuestro primo a la junta de oportunidad local. Nuestro primo lo duda y dice: –Primero, dime de qué se trata. No quiero perder una noche entera escuchando algo que no me interesa."

7. Al lado de la cafetera en la oficina, tu compañero comenta: –Sí, me gustaría comenzar un negocio contigo. Pero primero, dime un poco más sobre ese negocio que comenzaste.–

8. Cuando no queremos llamar a los prospectos de nuevo. Sabemos qué esperar cuando regresamos llamadas a nuestros prospectos. Ellos dicen: –Oh, no he tenido oportunidad de revisar los folletos ni el video todavía.– La presentación de un minuto consigue decisiones… **ahora.**

Usemos nuestra imaginación. Cuando nos sintamos un poco tímidos, o no queremos lucir como vendedor agresivo, la presentación de un minuto es una solución genial. No más entrar en pánico y pensar, "¿Por dónde comienzo? ¿Le doy una tarjeta de presentación y salgo corriendo? ¿Le muestro el video de la compañía? ¿Le presto algo de literatura? ¿Hablo sobre mis productos? ¿Pongo a mi patrocinador al teléfono? ¿Lo invito a la junta del hotel?"

Podemos contarles la historia completa en menos de un minuto. Sin rechazos. Sólo los hechos. No más presión sobre nuestros hombros. ¡Alivio total!

¿DEBERÍA USAR LA PRESENTACIÓN DE UN MINUTO TODO EL TIEMPO?

No. La presentación de un minuto es sólo una manera de presentar nuestra oportunidad. No es la única manera.

Quizá estemos pensando, "Espera un minuto. Si podemos hacer toda la presentación en un minuto, ¿por qué nuestra junta de oportunidad es tan larga?" ¡Buena pregunta!

Aquí está el por qué nuestras juntas de oportunidad son más largas. Imagina que la junta de oportunidad de esta noche comienza a las 8:00 pm. Nuestro invitado conduce durante una hora para asistir. Nuestro invitado también sabe que le tomará otra hora conducir de regreso a casa. Comenzamos nuestra presentación. Solamente dura un minuto. ¿Cómo crees que se sentiría nuestro invitado? Muy mal. ¿Y cómo crees que se sentiría si llega un minuto tarde? Muy, muy mal.

Los prospectos esperan que las juntas de oportunidad duren más tiempo. Tendremos que agregar algo de paja para alargar nuestras presentaciones más. :)

Podemos llenar esos minutos adicionales con testimoniales, diapositivas, y explicaciones del plan de compensación.

¿Qué hay de los ingenieros y contadores?

Quizá quieran más información y todos los detalles. Pero, no les des estos detalles primero. Primero da la presentación de un minuto.

Ahora tienen una opción.

1. No interesados.

2. Más detalles.

Si no están interesados, terminamos. Le ahorramos tiempo al prospecto y a nosotros.

Si quieren más detalles, entonces podemos montar el campamento. Podemos responder preguntas y explicar detalles hasta altas horas de la madrugada.

Usemos nuestro buen juicio.

¿En resumen? Queremos servir a nuestros prospectos lo mejor que podamos. La presentación de un minuto es una manera de dar una presentación, pero no la única manera.

Sin embargo, quizá encontremos que la presentación de un minuto es nuestro método preferido para explicar nuestro negocio.

Aquí hay algunos de los beneficios de la presentación de un minuto.

1. No tenemos que repartir literatura para que los prospectos estudien en casa.

2. Nuestros prospectos no tendrán que ir a sitios web que tienen 100 enlaces diferentes con información.

3. Nadie tiene que sentarse a soportar una presentación de oportunidad de una hora, a menos que así lo deseen.

4. Si los prospectos toman la decisión de "sí" ingresar, entonces nuestras juntas de oportunidad se convierten en su primer sesión de entrenamiento.

5. Podemos decirle a las personas por teléfono qué es lo que hacemos en nuestro negocio. No tenemos que guardar secretos.

6. Podemos responder las tres preguntas básicas de nuestros prospectos rápidamente:

Pregunta #1: "¿En qué clase de negocio estás?"

Pregunta #2: "¿Cuánto dinero puedo ganar?"

Pregunta #3: "¿Qué es lo que tendría que hacer para ganar este dinero?"

7. Nadie tiene que mirar aburridos videos de presentaciones.

8. Cuando un prospecto llame, no tenemos que ser evasivos. Podemos responder honesta y directamente. Nuestro prospecto estará feliz.

9. La presentación de un minuto también puede ser perfecta para terminar una junta de oportunidad de negocio o una presentación casera. A los prospectos les gusta un resumen claro.

10. Podemos prevenir citas canceladas. Los prospectos fallan en asistir a las citas o a las presentaciones de oportunidad como

habían prometido. Cuando les demos la presentación de un minuto, removemos el miedo a lo desconocido. Ahora estarán más deseosos de mantener su compromiso.

11. No necesitamos esperar 45 minutos para conseguir una decisión. Podemos obtener una respuesta de "sí" o "no" en sólo un minuto.

12. No más llamadas telefónicas con interminables conversaciones. Podemos ir al punto rápida y eficientemente con los prospectos.

FINALMENTE...

"Puedo darte una presentación completa, pero tomaría un minuto. ¿Cuándo puedes apartar un minuto?"

Pongamos en uso estas dos frases ahora.

¿Por qué?

Por que si no usamos estas dos frases mágicas, estaremos sentenciados a una vida entera de tensión y rechazos, tratando de hacer que los prospectos escuchen nuestras presentaciones.

Y si no respondemos las tres preguntas básicas de nuestros prospectos, no serán capaces de comprender cómo las redes de mercadeo pueden cambiar radicalmente sus vidas.

¡Mucho éxito en tus patrocinios!

AGRADECIMIENTO.

Muchas gracias por adquirir y leer este libro. Esperamos que hayas encontrado algunas buenas ideas que te sirvan.

Antes de irte, ¿estaría bien si te pedimos un pequeño favor? ¿Tomarías sólo un minuto para dejar una frase o dos como reseña online de este libro? Tu reseña puede ayudar a otros a elegir el siguiente libro para leer. Será de gran ayuda para muchos otros lectores.

Viajo por el mundo más de 240 días al año.
Envíame un correo si quisieras que hiciera
un taller "en vivo" en tu área.

→ BigAlSeminars.com ←

¡OBSEQUIO GRATIS!

¡Descarga ya tu libro gratuito!

Perfecto para nuevos distribuidores. Perfecto para
distribuidores actuales que quieren aprender más.

→ BigAlBooks.com/freespanish ←

Otros geniales libros de Big Al están disponibles en:

→ BigAlBooks.com/spanish ←

MÁS LIBROS EN ESPAÑOL

BigAlBooks.com/Spanish

Cierres para Redes de Mercadeo
Cómo Hacer que los Prospectos Crucen la Línea Final

Pre-Cierres para Redes de Mercadeo
Decisiones de "Sí" Antes de la Presentación

Cómo Construir Tu Negocio de Redes de Mercadeo en 15 Minutos al Día

Los Cuatro Colores de Las Personalidades para MLM
El Lenguaje Secreto para Redes de Mercadeo

Ventas al por Menor para Redes de Mercadeo
Cómo Conseguir Nuevos Clientes para Tu Negocio en MLM

Motivación. Acción. Resultados.
Cómo Los Líderes En Redes De Mercadeo Mueven A Sus Equipos

51 Maneras Y Lugares Para Patrocinar Nuevos Distribuidores
Descubre Prospectos Calificados Para Tu Negocio De Redes De Mercadeo

Rompe El Hielo
Cómo Hacer Que Tus Prospectos Rueguen Por una Presentación

¡Cómo Obtener Seguridad, Confianza, Influencia Y Afinidad Al Instante!
13 Maneras De Crear Mentes Abiertas Hablándole A La Mente Subconsciente

Primeras Frases Para Redes De Mercadeo
Cómo Rápidamente Poner A Los Prospectos De Tu Lado

La Magia De Hablar En Público
Éxito Y Confianza En Los Primeros 20 Segundos

MLM de Big Al la Magia de Patrocinar
Cómo Construir un Equipo de Redes de
Mercadeo Rápidamente

**Cómo Prospectar, Vender Y Construir Tu
Negocio De Redes De Mercadeo Con
Historias**

**Cómo Construir LÍDERES En Redes De
Mercadeo Volumen Uno**
Creación Paso A Paso De Profesionales En MLM

**Cómo Construir Líderes En Redes De
Mercadeo Volumen Dos**
Actividades Y Lecciones Para Líderes de MLM

**Cómo Hacer Seguimiento Con Tus
Prospectos Para Redes De Mercadeo**
Convierte un "Ahora no" En un "¡Ahora
mismo!"

COMENTARIO DEL TRADUCTOR

Ha sido un placer para mí traducir este libro para los lectores en español. *"La Presentación de Un Minuto,"* hace más simple presentar tu negocio. Me ofrecí para traducir este libro ya que los conceptos aquí mostrados han funcionado tan bien para mí, que deseaba compartirlos con otros.

Todas las ideas y consejos de este libro han sido probados por miles de empresarios de redes de mercadeo alrededor del mundo. Conoce y aplica los mejores métodos para simplificar y presentar tu negocio de manera más rápida y clara.

Así que deja atrás la frustración, el rechazo, el miedo, las dudas y la desesperación. Simplemente usa estos métodos para que tu negocio y el de tu organización se mueva hacia adelante, con pocos minutos cada día.

Gracias por soltar viejos patrones de pensamiento y creer que hay una nueva manera de construir tu negocio de redes de mercadeo rápidamente, sólo aprende nuevas habilidades para construir un negocio estable, divertido y redituable de la manera correcta.

Deseo grandes cheques para ti y tus socios.

- Alejandro G.

SOBRE LOS AUTORES

Keith Schreiter tiene más de 20 años de experiencia en redes de mercadeo y multinivel. Keith le muestra a los empresarios de redes de mercadeo cómo usar sistemas simples para construir un negocio estable y en expansión.

¿Necesitas más prospectos? ¿Necesitas que tus prospectos se comprometan en lugar de estancarse? ¿Quieres saber cómo enganchar y mantener activo a tu grupo? Si éste es el tipo de habilidades que te gustaría dominar, te encantará su estilo de cómo hacerlo.

Keith imparte conferencias y entrenamientos en Estados Unidos, Canadá y Europa.

Tom "Big Al" Schreiter tiene más de 40 años de experiencia en redes de mercadeo y multinivel. Es el autor de la serie original de libros de entrenamiento "Big Al" a finales de la década de los 70s, continúa dando conferencias en más de 80 países sobre cómo usar las palabras exactas y frases para lograr que los prospectos abran su mente y digan "SI".

Su pasión es la comercialización de ideas, campañas de comercialización y cómo hablar a la mente subconsciente con métodos prácticos y simplificados. Siempre está en busca de casos de estudio de campañas de comercialización exitosas para sacar valiosas y útiles lecciones.

Como autor de numerosos audios de entrenamiento, Tom es un orador favorito en convenciones de varias compañías y eventos regionales.